高等院校学前教育
专业创新型系列教材

学前美术基础

张朝霞　　　　主　编
刘志雄　谢　勇　副主编

清华大学出版社
北京

内容简介

本书分为三大部分，第一部分讲述美术理论，第二部分讲述素描、构图、色彩的绘画基本知识与造型技巧，让零美术基础的幼师也可以有迅速造型的能力。第三部分介绍创意手工与各种材料的结合，还有环境创设方面的运用。在理论部分主要阐述了幼儿园美术活动的指导策略，在教材实践部分主要呈现幼儿园美术活动的案例，尤其是介绍了生活中常见材料和废旧材料的应用。

本书可为广大的幼教研究者、学前教育专业师生和一线幼儿教师、亲子课堂提供借鉴与参考，无论岗前还是职后，都可激发他们新的创作灵感。

本书配有教学资源，扫描书中二维码即可免费使用。

本书封面贴有清华大学出版社防伪标签，无标签者不得销售。

版权所有，侵权必究。举报：010-62782989，beiqinquan@tup.tsinghua.edu.cn。

图书在版编目（CIP）数据

学前美术基础 / 张朝霞主编 .—北京：清华大学出版社，2022.3（2022.10 重印）
高等院校学前教育专业创新型系列教材
ISBN 978-7-302-59954-8

Ⅰ.①学… Ⅱ.①张… Ⅲ.①学前教育－美术教育－高等学校－教材 Ⅳ.① G613.6

中国版本图书馆 CIP 数据核字（2022）第 019802 号

责任编辑：张　弛
封面设计：于晓丽
责任校对：袁　芳
责任印制：曹婉颖

出版发行：清华大学出版社
网　　址：http://www.tup.com.cn, http://www.wqbook.com
地　　址：北京清华大学学研大厦 A 座
邮　　编：100084
社 总 机：010-83470000
邮　　购：010-62786544
投稿与读者服务：010-62776969, c-service@tup.tsinghua.edu.cn
质量反馈：010-62772015, zhiliang@tup.tsinghua.edu.cn
课件下载：http://www.tup.com.cn, 010-83470410
印 装 者：三河市龙大印装有限公司
经　　销：全国新华书店
开　　本：210mm×285mm　　印　张：12　　字　数：317 千字
版　　次：2022 年 3 月第 1 版　　印　次：2022 年 10 月第 2 次印刷
定　　价：79.00 元

产品编号：089432-01

前　言

学前教育专业中的幼儿园手工制作是一门技艺性课程，是幼儿教师必须掌握的基本技能之一。科学家柯美斯尼曾说："手的锻炼可以成为基础性的学习，教育内容的本质和核心，就是为了创造而工作。"我国教育家陶行知先生也说："处处是创造之地，天天是创造之时，人人是创造之人。"

学生美术与手工技能直接服务于今后的幼儿教育教学工作，是准幼儿教师在教学岗位上的运用能力的象征。本书分为三大部分：第一部分为美术基础，第二部分为幼儿平面和立体造型纸工，第三部分为不同材质的运用制作，共由多个手工任务组成。每个任务有详细的步骤图及效果图。书中手工部分从平面到立体、由浅入深，平面造型部分加入幼儿最为喜欢也是最易操作的任务，使教学和学生就业的教学工作岗位紧密联系在一起；立体造型部分加入装饰性比较强的任务，使教学和学生就业的环境创设实训工作紧密结合，具备很强的实用性。同时加入民族传统技艺，使学生在学习手工制作的同时了解我国民族传统文化及技艺，增强民族自豪感，引导学生能够善于在本土环境找寻熟悉的乡土特色材料。纸黏土手工部分，从蔬果到动物再到人物，由简单到复杂，是学生克服心理障碍，逐步培养三维空间想象能力与立体造型能力。

手指活动能锻炼学前儿童手部肌肉和关节的灵活性，促进儿童智力的发展，对其审美情趣、心理素质及性格的培养也大有益处。而对学前教育专业的学生而言，学好手工能够轻松制作玩教具，将对教学起到很大的辅助作用。因此，随着近年来我国学前教育的改革与发展，手工制作成为幼儿园教师必备的一项职业技能。本书正是在这种情况下，以《幼儿园教育指导纲要（试行）》为依据，遵循"注重基础、强化应用、守正出新、学以致用"的基本原则，从专业课程设置出发，立足于学前教育专业手工教学的需要，结合教学实际，强调美术基本造型基础知识、手工技能的学习与掌握。本书详细介绍了幼儿园实用的手工制作造型材料、制作步骤与方法，配以大量图片分步讲解，提供优秀作品拓展思路。全书共分八章，具体介绍了基础美术知识、纸、天然材料、废旧材料造型等多种手工制作内容。在以现实生活为背景理论与实际相结合的环节中，增加儿童美术活动的实际参考案例，图片资料直观引导，更有利于学生的职业成长。在内容选编上，本书突出体现以下特点。

1. 培养学生的审美能力

在每章结尾设置"学生作业欣赏"，通过观察、欣赏、感悟优秀手工作品或传统技艺，开阔学生的审美视野，增长专业知识，并且激发学生学习课程的兴趣，在愉悦的情绪中完成艺术的自我实现。

2. 提高学生的动手能力

培养零美术基础学生迅速造型的技巧，达到比例准确、形体准确、造型美观、细节精致。对不同的手工材料进行普及性的、分门别类的介绍，在手工制作的方法步骤上，配有详细步骤图解和文字说明，便于学生迅速掌握制作方法；在基本技法讲解之后，附有创作示例，可让学生动手学习制作，检验学习成果。书中范例简单易学，学习操作起来完全没有太大的压力感和挫败感，制作过程可以发挥创作，具备灵活的思维模式。

3. 启发学生的创作思路

着重讲述不同材料的造型规律和制作方法，关注学生举一反三能力和创新能力的培养；在掌握基本方法的基础上，提供优秀作品欣赏，旨在开阔视野，使其能够触类旁通。通过"主题创意模块"中的作品，让学生懂得沿着主题创意进行思考探索，引导学生将创意内容结合幼儿园主题活动开展美术创作，以期能够在未来的幼儿园实习与工作中运用，在社会竞争中显示美术优势。

本书由张朝霞、刘志雄、谢勇编写，广州美术学院许以冠主审。张朝霞负责内容的全面规划、编排，刘志雄、谢勇参与编写，其中第一章、第二章由谢勇编写，第四章、第五章及第六章第一小节由刘志雄编写，其余章节由张朝霞编写、拍摄、制图。本书引用了部分学生作品，在此一并表示感谢。由于编者的认知领悟能力有限，书中难免存在缺点与疏漏，敬请各位专家以及广大读者批评、指正。

主要内容与学时分配建议

章　节	内　　　容	课时安排
第一章	美术与幼儿美术教育概论	4
第二章	素描与构图	10
第三章	简笔画与线描画	8
第四章	色彩的基础知识与表现技法	12
第五章	版画	8
第六章	创意肌理画与载体画、粘贴画	8
第七章	纸黏土、剪纸、纸雕创意手工	10
第八章	幼儿园环境创设	12
合　计		72

编　者

2022 年 9 月

教学课件

目 录

第一章 美术与幼儿美术教育概论 1

第一节 美术概论 2
一、艺术起源的学说 2
二、美术的概念及其分类 4

第二节 幼儿美术教育 7
一、学前儿童绘画发展 8
二、幼儿美术教育的意义 11
三、幼儿美术教育的作用 11

第三节 幼儿美术教育的开展与实施 14
一、活动环境创设 15
二、活动组织与设置 15
三、幼儿美术教师职能 16

第四节 绘画与手机编辑制图实操 17
一、美术材料与工具 17
二、手机图片编辑、计算机 PS 制图实操 18
三、临摹绘画 19

第二章 素描与构图 22

第一节 素描的基本概念 23
一、结构素描 23
二、全因素素描 24

第二节 透视 25
一、产生透视的原因 25
二、透视的种类 25
三、透视与素描的联系 26
四、透视绘画实操 27

第三节 素描绘画实操 27
一、素描常用的工具与材料 27
二、素描的作画姿势 29
三、素描的线条训练 29
四、素描的色调与结构素描的画法 31
五、实训范画 35

第四节 构图技巧 37
一、构图的概念 37
二、构图重点 38
三、构图十大技巧 39
四、构图分析实操 42

第五节 绘画速写人物比例 42
一、人物躯干比例 42
二、人物五官比例 46
三、速写实操 47

第三章 简笔画与线描画 48

第一节 简笔画 49
一、简笔画基础知识 49
二、简笔画实操与范画 52

第二节 线描画 56
一、线描画与儿童线描画 56
二、线描画所需工具及材料 56
三、线描画的基本绘制方法 57

第三节 线描画实操与范画 59
一、点、线、面的课堂学习 59
二、作品分析与欣赏 60

第四章 色彩的基础知识与表现技法 64

第一节 色彩的基础知识 65
一、色彩的形成 65
二、色彩的类别 65
三、色彩的三要素 68
四、色彩的心理感觉 69

第二节 水彩画 71
一、水彩画基础知识 71
二、水彩画实操与范画 75

第三节 水粉画 ... 77
一、水粉画基础知识 ... 77
二、水粉画的基本表现技法 ... 78
三、水粉画的特殊表现技法 ... 79
四、水粉画实操与范画 ... 80

第四节 油画棒 ... 83
一、油画棒基础知识 ... 83
二、油画棒实操与范画 ... 86

第五节 彩色铅笔画 ... 88
一、彩色铅笔画基础知识 ... 88
二、彩色铅笔画实操与范画 ... 90

第六节 水彩笔画 ... 91
一、水彩笔画基础知识与绘画技巧 ... 91
二、水彩笔画实操与范画 ... 93

第五章 版画 ... 95

第一节 版画概述 ... 96
一、版画的概念 ... 96
二、版画的发展历史 ... 96
三、版画的种类 ... 98

第二节 单色吹塑纸版画 ... 99
一、吹塑版画的概念与特点 ... 99
二、单色吹塑纸版画的制作工具与材料 ... 99
三、单色吹塑纸版画的制作 ... 100
四、单色吹塑纸版画的范画 ... 102

第三节 多色吹塑纸版画 ... 102
一、多色吹塑纸版画的制作工具与材料 ... 102
二、多色吹塑纸版画的制作 ... 102
三、多色吹塑纸版画的范画 ... 104

第四节 套色版画 ... 105
一、套色吹塑纸版画的制作工具与材料 ... 106
二、套色吹塑纸版画的制作 ... 107
三、套色吹塑纸版画的范画 ... 107

第五节 纸版画 ... 108
一、纸版画的概述 ... 108
二、纸版画的制作工具与材料 ... 108
三、纸版画的制作步骤 ... 109
四、纸版画的范画 ... 110

第六节 版画的其他材料表现形式欣赏 ... 110

第六章 创意肌理画、载体画与粘贴画 ... 112

第一节 创意肌理画 ... 113
一、创意肌理画概述 ... 113
二、各类创意肌理画的制作工具与材料 ... 116
三、创意肌理画的制作流程图例 ... 123
四、创意肌理画的范画 ... 123

第二节 创意载体画 ... 124
一、创意载体画概述 ... 124
二、创意载体画的制作工具与材料 ... 125
三、创意载体画的制作 ... 134
四、学生创意载体画作品 ... 135

第三节 创意粘贴画 ... 136
一、创意贴画的制作工具与材料 ... 137
二、创意贴画的制作 ... 138
三、其他创意贴画的范画 ... 139

第七章 纸黏土、剪纸、纸雕创意手工 ... 141

第一节 创意手工纸黏土 ... 142
一、超轻黏土创意手工的材料与工具 ... 143
二、超轻黏土创意手工的制作流程 ... 144
三、轻黏土创意手工作品 ... 145

第二节 平面剪纸 ... 147
一、剪纸的制作工具与材料 ... 147
二、剪纸作品 ... 149

第三节 立体纸雕 ... 151
一、立体纸雕的制作工具与材料 ... 152
二、立体纸雕作品欣赏 ... 153

第八章 幼儿园环境创设 ... 157

第一节 幼儿园环境创设要求 ... 158
一、幼儿园环境创设的功能与原则 ... 158
二、幼儿园室内功能环境 ... 163
三、幼儿园室外场地 ... 163

第二节　幼儿园环境创设案例分析..........164
　　一、幼儿园环境创设的原则和文化
　　　　体现...164
　　二、国内外著名幼儿园环境创设
　　　　作品...167
第三节　幼儿园环境创设主题实操..........169
　　一、实操主题——丰富多彩的节日....169
　　二、实操主题——可爱的动植物
　　　　世界...171

　　三、实操主题——快乐的幼儿园........174
　　四、实操主题——美妙的音乐天地....175
　　五、实操主题——缤纷的一年四季....175
　　六、实操主题——幸福的童年生活....178
　　七、实操主题——讲究卫生好习惯....181

参考文献..183

第一章 美术与幼儿美术教育概论

教学目的

（1）了解美术发展与展望。
（2）掌握幼儿美术教学特点、年龄分期及各期的概念和特点。
（3）熟悉美术教学的幼师的角色和素质要求。

教学重点

（1）美术是什么，美术包括哪些艺术种类。
（2）这些艺术种类又包括哪些具体类别。
（3）幼儿美术教育是开发幼儿智力及潜能，培养幼儿专注力、观察力、记忆力、想象力及创新能力等，培养幼儿审美感知力，健全人格的有效途径。

教学难点

（1）了解什么是美术。
（2）掌握幼儿美术教育的意义及其作用。
（3）结合我国当代幼儿教育，感悟如何开展幼儿美术教育，幼儿美术教育的意义。
（4）零美术基础的学生快速绘画技巧操作，激发学生的学习兴趣，突破绘画基础差的同学心理压力，树立大胆动笔的信心。

第一节 美 术 概 论

美术是艺术门类之一,泛指创作占有一定平面或空间,且具有可视性的艺术。在介绍什么是美术之前,先来了解艺术以及艺术的起源。

一、艺术起源的学说

艺术的起源问题一直被学术界称为"斯芬克斯之谜",这主要是因为很多学者对人类早期的历史所知甚少,故学术界至今还很难用某种唯一的理论彻底地阐明艺术发生的原因。尽管如此,历史上的许多学者还是在这一领域不懈地努力探索,从不同的角度阐释了各种关于艺术起源的学说。

这里简要介绍、评析历史上 4 种主要的关于人类艺术(美术)起源的学说,如图 1.1 和图 1.2 所示。

图 1.1 史前壁画

图 1.2 史前生活器皿

(一)模仿说

模仿说是关于艺术起源的一种最古老的理论,是古希腊先哲中流行的观点。这种学说认为,模仿是人类固有的天性与本能,艺术源于人类对自然的模仿。亚里士多德曾说过,人从孩提时起就有模仿的本能,人们总能从模仿作品中得到快感。文艺复兴时期的达·芬奇、俄国的车尔尼雪夫斯基等人,也不同程度地继承和发展了模仿说。这一学说将模仿归结为人的本性、艺术起源的动力,如图 1.3 所示。

图 1.3 史前人类美术行为

（二）游戏说

游戏说最初由德国美学家莱辛提出，为席勒所发展。席勒在《美育书简》一书中，通过对游戏和审美自由之间关系的比较研究，首先提出了艺术源于游戏的观点，他认为人有感性冲动和理性冲动，二者是矛盾的、分裂的。人要成为具有完善人性的人，就必须把二者结合起来，游戏冲动不是动物精力过剩似的纯粹体力的发泄，而是创造力的自由表现。游戏的根本特点是自由活动，使人的感情和理性达到统一。审美就是游戏，艺术源于游戏，它揭示了精神上的自由是艺术创造的核心，如图1.4所示。

图1.4 史前洞穴壁画

（三）巫术说

巫术说是西方关于艺术起源理论中较有影响力的一种观点，最早是泰勒在其著作《原始文化》中提出的。巫术说是在直接研究原始美术作品与原始宗教巫术活动之间的关系基础上提出的，巫术与艺术之间的相似是既强烈而又贴近的，巫术活动总是包含着像舞蹈、歌唱、绘画或造型艺术等活动。

原始人所描绘的史前洞穴壁画中虽然有许多在我们今天看来是美丽的动物形象，但他们当时却是出于一种与审美无关的动机，即来自巫术的动机，如图1.5和图1.6所示。

图1.5 史前用于巫术仪式的设施

图1.6 生殖崇拜巫术仪式设施

（四）劳动说

劳动说的主要理论依据源于马克思、恩格斯以及俄国的普列汉诺夫等人的一些论述。这一观点的支持者相对较多。该理论认为，人类的社会劳动实践是美术发生的根本动力，艺术尤其是造型艺术，是一种人工制品，必须要有熟练的技巧，因而艺术的产生与人类的生产劳动息息相关。纵观历史上关于艺术起源的学说，各自都有其合理的地方以及不合理之处。无论是哪一种学说，都是基于人类的生活实践活动，是与人类社会活动紧密相连的。由此可见，"艺术源于生活，而高于生活"，如图 1.7 和图 1.8 所示。

图 1.7　生活器皿装饰纹样 1

图 1.8　生活器皿装饰纹样 2

二、美术的概念及其分类

（一）美术的概念

"美术"一词，英文上有两种写法，"the fine arts"为"美的艺术"和"art"，其在我国五四新文化运动时期开始被文艺家和教育家广泛运用。欧洲早在 17 世纪便开始使用"art"这一名词，泛指具有美学意义的活动及其产物。"art"一词，拉丁语中既把它翻译成"艺术"，又把它翻译成"美术"。在我国最早使用"美术"一词的是著名教育学家蔡元培先生，当时"美术"一词也包括诗歌、音乐和舞蹈等艺术别类，后期我国文艺界和教育家才把"美术"和"艺术"的概念逐步区分开。"艺术"的内容更为广泛，它是涵盖了绘画、摄影、书法、音乐、舞蹈、戏曲、表演、文学等一切艺术门类的总称。"美术"则主要是指绘画、雕塑、摄影、书法（篆刻）、工艺美术、各类设计等视觉艺术或造型艺术门类。美术作品就是艺术家运用一定的工具和材料通过不同的艺术表现形式进行塑造并设计而成，如图 1.9 和图 1.10 所示。

（二）美术的分类

美术可分为绘画、雕塑、工艺美术、设计、书法艺术、建筑、篆刻、新媒体、摄影等几类。

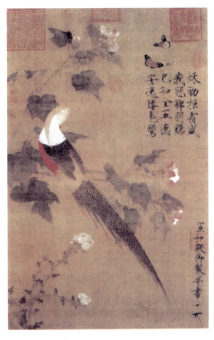

图1.9 平面绘画

图1.10 立体雕塑

1. 绘画

美术是艺术分类中一门不可或缺的学科,也是一种十分古老的艺术形式。古今中外的美术作品不计其数,各有千秋。就美术的绘画类就有诸多的划分,按绘画时使用材料的不同,美术可细分为油画、素描、中国画、版画、蜡笔画、水彩画、水粉画、丙烯画以及其他一些矿物和化学颜料的画种等。就每一个绘画形式,美术还能有更细的划分,如中国画又可细化为工笔画、写意画和兼工带写三种形式。按照绘画的社会作用和其所采取的表现形式不同,又可以分成宣传画(招贴画)、年画、漫画、连环画、组画和插图等绘画体裁,如图1.11和图1.12所示。

图1.11 达·芬奇《自画像》

图1.12 冷军 油画《小姜》

2. 雕塑

雕塑又被称为"凝固的舞蹈",是雕、刻、塑三种制作技法的总称,一般可分为圆雕、浮雕、透雕三大类。圆雕是指不附着于任何背景,完全立体的一种雕塑。《米洛斯的维纳斯》《马踏飞燕》雕像就属于圆雕。浮雕是指在平面上雕出凹凸起伏的形象,它是介于圆雕和绘画之间的一种艺术表现形式,如中国古代木制家具上的浮雕。透雕,顾名思义是把所谓的浮雕的底板去掉,使之通透。透雕又可称为镂空雕,这种雕刻手法过去常用于门窗、栏杆、家具,有的可供两面观赏,如元代影青釉透雕人物瓷枕。就塑造的材料划分,雕塑又可分为骨雕、冰雕、玉石雕塑、金属雕塑、木材雕塑、白水泥雕塑等,如图1.13和图1.14所示。

图1.13 《马踏飞燕》雕像

图1.14 镂空雕

3. 工艺美术

工艺美术是造型艺术之一,以实用为主要目的兼审美的特性,是与人类生活息息相关的一种艺术种类。在工艺美术漫长的发展过程中,由于历史条件、地理环境、技术水平、民俗风尚和审美情趣的不同而表现出不同的风格特色,显示出独特的时代性和民族性,其种类划分也最为丰富。大的分类有金属工艺、木艺、漆器、陶瓷、彩塑、玉雕、牙雕、景泰蓝、珐琅、染织、刺绣、编织等。

4. 设计

设计是20世纪中叶兴起的一门美术学科,是在现代科学技术和经济发展的基础上形成的一门综合性应用科学。它的分类随着人类社会的发展需要,还在不断地延伸发展,其分类涉及的领域较为广泛:有商贸领域的,如包装设计、产品设计等;有应用领域的,如游戏美工设计、网页设计等;有传达领域的,如书籍设计、平面设计、色彩设计、展示设计、图像设计、舞台设计、字体设计等;有物质领域的,如汽车设计、工业设计、建筑设计、环艺设计、服装设计、花艺设计、室内装潢设等。

5. 书法艺术

书法艺术是指我国及深受我国文化影响的周边国家和地区特有的一种文字美的艺术表现形式,是我国特有的一种传统艺术。其主要的书体有篆书体(包含大篆、小篆)、燕书体(包括燕行)、隶书体(包含古隶、今隶)、楷书体(包含魏碑、正楷)、行书体(包含行楷、行草)、草书体(包含章草、小草、大草、标准草书)等。

第二节 幼儿美术教育

作为幼儿教师,所要了解的美术知识还需拓展延伸,如历朝历代中国美术的特点及名家名作、外国著名的名家名作、世界各地著名的建筑古迹等,都需要幼儿教师有所掌握与熟识。教师不仅要向幼儿简单介绍美术史的一些知识,还应加入一些地方民间的艺术赏析、当代艺术鉴赏等内容,且多带幼儿去国家级或省级博物馆、美术馆、画展、艺术节、传统文化活动节等场所真实地感受艺术,拓展幼儿的艺术视野,使艺术教育生活化,这样才能在幼儿美术教育中尽可能地帮助幼儿更好地进入艺术的殿堂。

以下为幼儿阶段美术手工作品,透过这些素材可以发现不同阶段的美术教学都有丰富的表现形式,如图 1.15~图 1.22 所示。

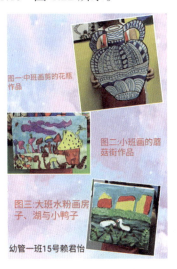

图 1.15 幼儿美术手工作品 1

图 1.16 幼儿美术手工作品 2

图 1.17 幼儿美术手工作品 3

图 1.18 幼儿美术手工作品 4

图 1.19　幼儿美术手工作品 5

图 1.20　幼儿美术手工作品 6

图 1.21　幼儿美术手工作品 7

图 1.22　幼儿美术手工作品 8

一、学前儿童绘画发展

学习幼儿美术教育之前，先来了解学前儿童的绘画发展。艺术首要达到的是一种认知功能。在人类漫长的学习生涯中，学前阶段的美术是至关重要且不可缺少的，它遍布幼儿成长过程中的每一个阶段，不仅见证了幼儿的成长发育，还有助于他们的身心健康发展。0~6岁的学龄前儿童在语言没有发展成熟之前，其实都缺乏一个有效的渠道来表达自己内心的情绪。但孩子们都天资聪慧，他们无意中发现了一种可以让他们说出心中所想的方法：绘画。

- 美国著名美术教育家、心理学家维克多·罗恩菲德的儿童绘画发展阶段说最具影响力，并将儿童绘画发展阶段划分为：实验前期、图式期、线与形及色彩期、平面画期和立体画期。
- 麦卡悌则把儿童图画分成：涂鸦期、象征期、定型期和写实期。

罗恩菲德的理论研究把儿童绘画能力的发展划分为：涂鸦阶段（2~4岁）、前图式阶段（4~7岁）、图式阶段（7~9 岁）、写实萌芽阶段（9~11 岁）、拟写实阶段（11~15 岁）和青少年艺术阶段（15~17 岁）。

罗恩菲德强调儿童在获取个人表现图式的意义时指出："唯有我们了解儿童在成长期的探索中渴望对人和环境发展出明确概念后，才能认识到样式的意义，这种概念是高度个人化的，几乎没有两种样式是一样的，形体概念（样式）的丰富程度是取决于儿童的性格和教师启发儿童被动知识的程度。"

1. 幼儿早期阶段（1~2 岁绘画能力）

儿童会利用手指在任何他能够触碰到的地方进行涂鸦，如母亲的脸庞、地面、床单、墙面等。一岁半的宝宝一只手撑着墙面，另一只手在墙面上抠划涂鸦。对于还不会语言表达的幼儿早期阶段，他们会利用手指或其他媒介的触摸涂鸦了解周围的世界，更是用这种方式去表达他们的情感与想法。对于他们而言，这是一种交流与沟通，是区别于成人言语倾诉的更为复杂的一种形式。没必要过多地干涉孩子的涂鸦过程，应该让孩子充分感受色彩带来的愉悦体验。鼓励孩子涂鸦，让他们任意下笔，画他们想画的，无论是画线条还是圆圈或是随便什么图形，都是在锻炼孩子把思维表现为形象事物的能力。应该知道，对于孩子来说：想象引导，比"像"更重要，如图 1.23 和图 1.24 所示。

图 1.23 涂鸦 1

图 1.24 涂鸦 2

2. 幼儿 3~4 岁阶段绘画能力

他们学会了一些简单的语言，依旧会用涂鸦去表达内心的想法，因为 3 岁左右的孩子大多数都会进入一个"涂鸦期"阶段，在这个年龄段里，他们会有很强烈的拿起画笔"创作"的欲望，他们将对外部世界的理解，结合自己心中的想法、情绪自由地表达出来。

对于幼儿来说，这种行为方式是更加单纯且简洁的，这时候他们在大人的帮助下学会了简单地握笔，五颜六色的色彩对于他们而言是一件新奇而又有趣的事情，他们进而开始自学画画。每个幼儿天生都是热爱涂鸦的，但由于年龄尚小，幼儿的手指骨骼还未发育成熟，握笔对于他们而言是一件比较费劲的事情，所以这时期的幼儿画的线条和形状都是歪歪曲曲的，很难看出画的是什么。但是，对于幼儿而言，他们的确画了具体的故事，并且每一幅画都蕴含着自己的心情与想法，这就需要成人学会去倾听和理解他们的画，这不仅是对幼儿美术作品的一种肯定，也是了解他们内心想法的最佳时刻。这一过程会使得幼儿的性格更加自信且乐于分享，热爱美术并愿意去表达内心的情感，如图 1.25 和图 1.26 所示。

图 1.25 有趣的儿童拓印

图 1.26 涂鸦 3

3. 幼儿成长阶段（5~6岁）绘画能力

学前阶段的最后一到两年，随着幼儿身体机能的不断完善，语言表达能力、绘画水平的逐步提高，美术在这时期所担任的角色也有了全新的功能。通过把绘画作为一种早期的交流方式，不仅能够锻炼他们的视觉分辨力、动手能力和创造力，还能够提高幼儿语言表达能力和理解能力。相关研究表明，让幼儿通过绘画的形式去描绘他们所听过的故事，这一种形式，会使得他们更加乐于聆听与阅读，如图 1.27 和图 1.28 所示，男孩画出了白天阅读过的儿童绘本《好朋友》，画完后，孩子的母亲要求他说说所画的内容，图中的男孩正在绘声绘色地认真解说。对于即将跨入小学的儿童，绘画中的一些图形知识能够给他们提早接触数学中的一些概念性内容，比如绘画中的对称图形、几何形、线形等；自然科学中的一些植被识别、动物的识别，学会观察当不同的颜色进行混合会发生什么样的变化等。可见，美术对于处于学前阶段的幼儿是至关重要的一项素质教育，它能给幼儿带来一些改变，这些改变都是往好的方向发展，促使幼儿各方面的发展越来越好。

图 1.27 绘画表达

图 1.28 画面解说

二、幼儿美术教育的意义

美术教育在学前儿童的成长过程中扮演着极为重要的角色。

心理学研究表明,人类约 80% 的信息源于视知觉,对于语言未形成时期的幼儿来说,他们是凭借事物的形状、颜色、声音和动作等感官活动探索周围的世界。蔡元培在《教育大辞书》(1930)中给"美育"一词下的定义是:"美育者,应用美学之理论于教育,以陶养感情为目的者也。"幼儿美术教育是开发幼儿智力及其潜能,培养幼儿专注力、观察力、记忆力、想象力及创新能力等,培养幼儿审美感知力,健全人格的有效途径。幼儿美术活动也是幼儿认识和把握世界的一种方式,是记录生活和表达想法、抒发情感需求的一种重要手段。幼儿美术教育是幼儿个体完整教育中重要的组成部分。作为新一代的幼儿教师,要让幼儿从小在美的体验中,学会基本的审美意识,学会欣赏并感受美好的事物,拓展思路模式,进而让幼儿能够有感而发并创造出更多更有创意的"美"。

三、幼儿美术教育的作用

(一)培养幼儿的手眼协调能力与动手能力

培养幼儿的手眼协调能力与动手能力是美术教育活动的表象的作用。握笔涂鸦和绘画是发展幼儿的精细动作技能的重要元素之一。除此之外,创意美术需要运用剪刀、胶水、泥塑素材等,需要更加灵活的手部运动,能够很好地促进幼儿手臂、手腕、手指等的协调配合能力,发展手部与大脑的协调能力,如图 1.29 所示。

(二)培养幼儿的审美意识与感知能力

美术教育是培养幼儿审美能力的最直接的手段。教师通过引导幼儿欣赏名家名作,让幼儿感受大自然和生活中的美好事物,提高幼儿的审美意识与审美能力。在美术教育活动中,教师通过像泥塑教育、绘画中的透视或者串珠等方式培养幼儿的空间和视觉的感知能力。《3~6 岁儿童学习与发展指南》明确指出:"幼儿艺术领域学习的关键在于充分创造条件和机会,在大自然和社会文化生活中萌发幼儿对美的感受和体验……"因此,教师和家长要经常带幼儿参观了解名胜古迹、自然风光、名家名作等,让他们多接触大自然,发现生活中的美,进而培养幼儿的审美意识与感知能力,如图 1.30~图 1.32 所示。

(三)激发幼儿的想象力与创造力

当幼儿有机会创造一些东西时,他们会变得越来越富有想象力与创造力。在幼儿进行绘画活动时,他们需要不断地去思考如何描绘内心的感受,画出内心的想法,在不断尝试与实验的过程中,找寻恰当的形式去表现,这就需要幼儿不断激发自己的创新意识与想法。儿童阶段是想象力发展的黄金时期,所以幼儿教师在美术教育中应当鼓励幼儿敢于想象、敢于创新,让他们自由创作。"创新是一个民族进步的灵魂",可见想象力与创造力是每一个人必不可少且相当重要的能力。如图 1.33~图 1.35 所示的环境布置对幼儿的想象力有启发作用。

图 1.29 观察秋天收集象征性的材料展示

图 1.30 幼儿园美术布置

图 1.31 幼儿自发创作

图 1.32 幼儿美术作品

图 1.33 环境布置 1

图 1.34 环境布置 2

图 1.35 环境布置 3

(四)提高幼儿的专注力、观察力与记忆力

当幼儿在创作一幅画时,他们是全身心地投入,完全沉浸于自我世界中。这时他们的脑海里不断闪现出平时所观察到的一切事物,甚至是这些事物的颜色、形态、结构和大小比例等,再遵照他们内心的感受与想法,通过绘画的形式描绘出来。这一过程中,不难发现,儿童的专注力、观察力与记忆力都在悄然发生着巨大的功能与作用。这一系列的能力都是未来幼儿学习中不可缺少的基本

要素，是智力稳定发展的关键，如图 1.36 和图 1.37 所示。

图 1.36　幼儿在创作

图 1.37　幼儿在涂色

（五）促进幼儿的语言发展

幼儿通常会通过绘画及涂鸦形式来表达自己内心的感受，当他们创作完一幅美术作品并开始谈论这幅作品时，在描述颜色、形状和画中的故事等时都需要幼儿在阐述中不断提高自己的语言表达能力与组织能力。因此，在幼儿创作完一幅画后，教师一定要鼓励他们解说且耐心地倾听他们内心的想法与感受，如图 1.38 和图 1.39 所示。

图 1.38　环境布置的语言启发 1

图 1.39　环境布置的语言启发 2

幼儿园幼儿美术作品展　　美术馆的儿童美术展

第三节　幼儿美术教育的开展与实施

中国著名儿童教育家、儿童心理学家、教授,中国现代幼儿教育的奠基人陈鹤琴先生认为:儿童美术教育是促进幼儿身心发展的重要教育活动。"幼儿园的教学是全面性的,包括智育、德育、体育、美育四方面。"其中,幼儿美术教育是开展美育的途径之一,是教育者有目的、有计划地借助美术材料及教育手段,对幼儿美术活动进行适时适宜的引导与指导,使幼儿在轻松愉悦的氛围中学会欣赏美、感受美、表现美及创造美的一种教育活动。通过这一活动,幼儿在教师的引导下运用美术材料并结合自己的主观经验,绘制和创设出一件件独特且新颖的艺术作品,进而从中获得更多更新的知识和经验。

蒙台梭利美育的音乐＋手工模式在越来越多的幼儿教育中运用,值得大家研究借鉴。

一般幼儿园的美术教育,只是按照教师指定技法进行简单的临摹,蒙台梭利美育课程则不同,它是以孩子的自然发展为基础,给孩子一个有准备的、自由的、可以自我教育的美术环境;宽松、自由、和谐的环境气氛,有利于幼儿想象力、创造力的发展;教师在教学中让孩子毫无拘束地表现自己的内心情感,而不是约束孩子想象力的发展。

儿童美育课程结合蒙台梭利先进的教育理念,把音乐、自然、语言、文化、科学等多个领域的内容引入美术室的活动中,顺应他们"爱表现"的天性,透过美劳活动,运用美学与教育的原理和方法,促进他们用心、用眼、用手、用耳、用肢体来创造独特的表现方法。课程给予孩子探索的机会,使他们在探索中能有自己的思考、判断,主动探求,表现创新,能认识、理解与尊重文化的异同,成为传承文化与勇于创新的快乐儿童。

在美育课中,通过系统严谨的学习,幼儿将主要获得以下多方面的进步。

(1)动手能力:随着课程的开展,孩子手及手指的灵活性不断提高,使孩子身心专注在自己所做的活动上,不仅提高意志,而且促使孩子活动更为精细。这些活动多次重复,孩子的能力就会增强。

(2)经验认知:在美术课程丰富多彩的动手动脑的活动过程中,孩子接触到各式各样、层出不穷的材料,其中有来自手工、装饰、表演,更多的来自生活,甚至是生活废弃物,从孩子的角度为这些材料注入新的内容。同时孩子的思路被各种新奇、睿智的变化和技巧所吸引,对周围的事物充满了探索的兴趣和求知的欲望,而且有自己的主张。

(3)语言发育:蒙台梭利教育不仅强调在孩子不同年龄阶段给予恰当的语言训练,还把语言教育融入实物的操作之中。语言教育注重语言表达的简练和精确,让孩子掌握语言的本质,从而更容易学会语言。

(4)敏锐的音乐感受能力:结合自己的手工制作过程和教师的指导,孩子对音乐的理解有了新的角度和想象的方向。在游戏中听到的曲调,已经变成他们自己的音乐和语言,这些进一步启发了他们的智慧、创造力和感受客观事物的能力。

(5)生活自理能力:通过手工学习,孩子会越来越熟练地掌握如切、撕、剪、贴、夹等日常动作,还有植物栽培、环境整理、整理自己外表等生活常识,让他们学会照顾自己,拥有独立生活能力和社会适应力,为以后孩子上幼儿园和适应社会生活做准备。

（6）社交能力：蒙台梭利注重孩子社会性的培养，社交能力是他们性格开朗、积极向上的外在表现。教学通过精彩的美术游戏活动，制造良好的交往氛围，让孩子在快乐中进行与成人和同龄伙伴的互动活动，培养社交能力。

（7）培养情操：通过活泼的游戏及训练，用手指画、栽花、抓虫等游戏训练孩子的感觉，提高视听和触觉，提高对空间的认知，同时培养儿童审美的情操。

现如今我国的幼儿园美术教育中存在的问题如下。
- 重美术学科知识技能的传授，轻幼儿美感和初步审美感兴趣的培养。
- 重幼儿绘画内容和具体形象的对应，轻幼儿个体对美的事物的感受。
- 重书面形式绘画及其结果，轻创设环境及多种工具材料的布置与应用。
- 重幼儿美术作品的成人化评价，轻活动过程中针对个体发展的引导及鼓励。

这一系列的行为均违背了幼儿身心发展的特点，缺乏审美教育且违背了幼儿自主性培养的教育目标，那么作为幼儿教师如何才能做到正确地引导与指导幼儿？如何更好地去开展和实施幼儿美术活动？这是值得每一位幼儿教师深思且需要不断去探索的核心问题。在这里大致要从三个方面进行探讨：活动环境创设、活动组织与设置、幼儿美术教师职能。

一、活动环境创设

幼儿教师的首要任务是充分准备能够激发幼儿好奇心且足够安全的物质环境，不仅如此，它还要是一个色彩缤纷且充满艺术气息的区域环境。充满"美"的环境，能够激发幼儿探索创造美的本能，其中多样性的美术材料与素材，能够引起幼儿强烈的好奇心并使其愿意去尝试与创作。进行美术活动时，教师要引导幼儿通过触觉、视觉、听觉和感知力去观察和学习这些材料的基本用途，并促使他们能够通过这些丰富的材料进行美术创作。相比单调的绘画材料及素材，幼儿更乐于沉浸在形状各异、色彩缤纷的物质材料里，如一叠塑料袋、几根枝条、一捆麻绳、若干树叶、五彩的毛线等。教师通过投放不同的美术材料与素材，能够促使幼儿积极主动地去创造美术作品。因此，幼儿教师应该学会利用一个安全美观且充满丰富物质材料的区域环境，去开展美术教育活动。图1.40所示为儿童感官触摸墙。

图1.40　儿童感官触摸墙

二、活动组织与设置

幼儿美术教育活动的组织要充分考虑幼儿的学习特点和认识规律，即寓教育于生活、游戏之中。对于儿童来说，游戏交织着艺术，反映着他们的世界与兴趣。游戏和实验艺术材料能给儿童带来非预期的、不同寻常的视觉体验。当儿童能在行动与材料之间建立联系时，就在工作中形成了流畅性与灵活性。

在美术教育活动的设置上，教师应遵循幼儿爱玩游戏的天性，降低美术区域活动的内容结构设置，把以教授为主的行为转变为以游戏形式为主的活动。教师还应放宽对材料的使用规定，充分运用游戏娱乐的形式开展多样性的美术教育活动，在活动期间更加关注对幼儿自主化活动能力的支持并积极地与幼儿互动，给他们充分自由探索学习的机会，如图1.41所示。

图1.41　教师在美术教育活动

三、幼儿美术教师职能

英国美术教育家里德（H. Read）和美国美术教育家罗恩菲德（V. Lowenfeld）指出：美术教育应当作为儿童自然发展的工具，美术的根本目的是顺应儿童自然发展的本性，重视创作过程，忽视创作结果。里德和罗恩菲德的教育观点体现了教学要以学生为发展中心的思想，他们主张把美术教育作为促进儿童健全发展的工具，通过美术教育帮助儿童发展人格；认为儿童生来便具有艺术潜能，并具有不同类型的潜能，教师应依据儿童不同类型进行指导，促进儿童个性发展。同时他们还特别重视通过美术教育发展儿童的创造能力。

（1）教师应该积极向幼儿介绍活动材料的属性和主要特征，并鼓励幼儿在活动中积极探索与尝试，而不是由教师将自己的经验变成要求，灌输给幼儿且让其被动执行。

（2）在美术活动的过程中，教师应当因材施教，进行个性化的指导。值得注意的是，教师的指导不应当是具体的方法与对策的传输，而应是以引导和启发的方式去激发幼儿的创意与想法，促使他们进一步地探索与创新。在观察幼儿美术活动的同时，教师应及时做出评价，适时提出能激发幼儿好奇心的问题，并在幼儿遇到困难时能给予鼓励和支持，通过客观地描述和开放性的问题与幼儿互动，以推动幼儿进一步感受和进一步思考。

（3）美术活动结束后，在对幼儿美术作品评价时，教师应当鼓励幼儿对自己的美术作品进行解说与评论，鼓励他们围绕作品进行反思，尊重他们的想法，但不要试图纠正他们甚至指责他们。因为幼儿园美术活动教学，其实就是以"美"为中介的一种交流过程。

对于幼儿美术教育的开展与实施，作为当代幼儿教师，应该不断探索与尝试，挖掘出更多更加适宜的教育方式与方法。在解放幼儿手脚、解放幼儿心灵的同时，教师也要得以自我解放。教师的自我解放不是一件事情，而是一个过程，一个学习和反思的过程，只有教师的整个教育过程从理念到实践都得以彻底解放，幼儿才能逐步形成创造性发展，幼儿美术教育才能发挥其应有的作用，实现其无可替代的教育价值。

幼儿美术教师的素质要求如下。

1. 专业基本知识与技能

（1）具备简笔画、色彩、素描、国画、雕塑等专业美术知识及其运用能力，具有绘画基础和掌握基本手工制作的技能技巧。

（2）洞悉美术各流派的绘画风格，掌握美术的前沿动态；熟悉各种美术手工制作的材料工具，善于运用到教学之中。

（3）把握学前儿童的特点，具有幼儿美术教育的理论基础，对幼儿美术教育有独特的见解。

2. 美术教学能力

（1）具备美术教育的教学才能和美术创作的技能，能创作出具有个性化的优秀作品。

（2）具备对教学活动的设计和创造能力，懂得把美术与音乐、语言、社会、健康等领域相融合。

（3）具备专业智慧，即具备创造力、反思力和协同力，教师能够为幼儿创造展示自己作品的条件，引导幼儿相互交流、相互理解和相互欣赏；能够指导幼儿利用身边的物品和废旧材料制作各种玩具、工艺装饰品，体验创造的乐趣；能够引导幼儿欣赏艺术作品，培养幼儿表现美和创造美的情趣；能够引导幼儿接触生活中美好的事物和感人事件，丰富幼儿的感性经验和情感体验；能够提供自由表现的机会，鼓励幼儿大胆地想象，运用不同的艺术形式表达自己的感受和体验。

我国一位书画大师曾说过，书画艺术学到最后，比来比去还是比学问。无论是提高自身修养，还是教育他人，都需要有丰富的文化素养。提高自己文化素养的途径就是学习，这就要求教师要树立终身学习的观念，不断学习，不断更新知识。在工作中会不断遇到自己上学时候没有遇见过的新内容、新情况，这也要求自己要补充一些学校开设课程之外的知识，不断拓展自己教学质量的上升空间。

幼儿教师应在更大的范围内开展美术活动指导，关注美术资讯，提升自身学术视野。这样思维就会更开阔，想法就会更多，目标会更长远，作为一个教师的品质就会提升，教学效果也会发生很大的变化。美术教育是充满灵性的、智慧的活动，不是教条式的教育，所以教师也需要有智慧和灵性，从仪态端庄、举止优雅到热情饱满地去享受绘画过程和审美鉴赏，在美术活动中积极启发培养孩子的美感。

第四节　绘画与手机编辑制图实操

一、美术材料与工具

绘画制图是最基础的造型手段，绘画基础比较差的新教师更需要学会利用工具协助完成制图。当需要使用的图案在参考书籍图片中或者百度图片搜索选好后，进行快速绘图需要备有这些便捷有效的工具方法：白纸、铅笔、透明硫酸纸、复写纸、透明胶、投影式临摹台、手机平板直投法、纸板雕刻印制法等，图1.42~图1.44所示为各种常用的快速绘图美术工具。

图 1.42　透明硫酸纸简笔画

图 1.43　投影式临摹台

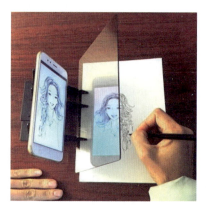

图 1.44　投影式制图

二、手机图片编辑、计算机 PS 制图实操

图片转化在幼教绘画中的运用如图 1.45 和图 1.46 所示。

图 1.45　图片转化在幼教绘画中的运用

图 1.46　画照片练习

三、临摹绘画

初学者临摹一些优秀作品可以直接走上正确的绘画之路,少走些弯路。再加上教师的指导,初学者会很快提高。因为美术造型的过程始终是沿着构思—造型—描绘—调整—着色—细节—整体完成。

绘画实操过程中要多练习,反复进行简化提炼,使画面对象清晰、简单。选择临摹作品尽量选择名画名作,如宫崎骏作品、几米漫画、凡·高向日葵、凡·高星空、动画片主角、名人照片等,切忌用儿童画模仿。经过这一阶段的训练后,认为没有美术基础的学生就可大胆地提笔进行写生、创作了,如图 1.47 所示。

图 1.47　临摹名画

作业练习题

（1）找出不同阶段（早教、小班、中班、大班）的幼儿美术手工作品。

（2）准备几张有趣摄影图片（静物、不同年龄职业人物、工具、植物等）进行绘画并转化成简练化的白描画（使用手机图片编辑、美图 APP 或计算机 UI 图片编辑软件）。

（3）展开讨论谈谈自己对幼儿美术的认识。

学员作业欣赏

图 1.48~图 1.54 所示的照片画均为学生作品,供借鉴欣赏。

图 1.48 白描画习作 1

图 1.49 白描画习作 2

图 1.50 白描画习作 3

图 1.51 白描画习作 4

图 1.52 白描画习作 5

第一章 美术与幼儿美术教育概论

图 1.53 临摹 1

图 1.54 临摹 2

第二章 素描与构图

教学目的

（1）了解素描的概念及所需材料的说明。
（2）掌握基础的透视原理。
（3）掌握结构素描创作的基本方法与技能。
（4）掌握构图原理、了解人物脸部、躯干的比例。

教学重点

　　素描的概念及其分类与特性，在了解素描基本原理的基础上，掌握基本的透视法则。开始素描的学习与训练，需要学生了解素描的基本工具及其所需材料、素描的工具与素描的线条、色调。在此基础上，学生要达到在教师的绘画示范指导后，独立完成一幅完整的结构素描作品和一幅全因素素描。

教学难点

　　在实操练习中能够准确描绘物体的形体比例与结构关系、色调清晰、画面美观。

第一节　素描的基本概念

素描是用最简单的工具描绘物象的方式。掌握素描技能，可以在纸上轻松画出三维立体的图像，在描绘静物、风景或人物当中体会光与影的协奏。初学阶段，大家先从素描几何体入手，可以说，学会画几何体就可以画出整个世界。透视是素描中的重要概念，更是学习素描需要掌握的基本知识。广义的素描就是单色画，即单一颜色通过深浅虚实变化描绘物象的一种形式。狭义的素描专指用于学习美术技巧、探索造型规律、培养专业习惯的绘画训练过程。素描是一种十分重要的艺术形式。

如图2.1所示，某课堂上，某教师在黑板上画了两幅马路的简笔画，一幅画中马路的两侧边缘线呈平行状态，右边一幅画中马路两侧边缘线在画面的上端相交汇聚成一个点。教师就两幅画中的马路哪个更具"真实感"让同学们发表看法。同学们一致认为右边那幅画中马路两侧的边缘线相交成为一个点的更具真实感，更像一条真正的马路。

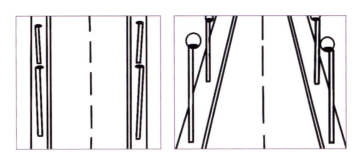

图 2.1　透视展现感比较

分析：你认为什么是透视？为什么会产生透视效果？平面绘画中如何展现透视，从而使画面看起来更加真实？

带着这些问题让我们一起进入本章的学习。

学习素描，需要掌握透视、比例、结构、空间体积、色调等知识。素描可划分为以下几类。

（1）从目的和功能角度划分，素描一般可分为创作素描和习作素描两大类。

（2）从表现内容角度划分，素描可分为静物、动物、风景、人像及人体素描等。

（3）从绘画传统的角度划分，素描可分为中国写意传统的素描和西方写实传统的素描。

（4）从作画时间概念上划分，素描可分为长期素描、速写、默写等。

（5）从使用工具上划分，素描可分为铅笔、炭笔、钢笔、毛笔、水墨、粉笔、纸笔或两种工具穿插使用的素描。

一、结构素描

结构素描又称形体素描，这种素描的特点是以线条为主要表现手段，弱化光影变化，而强调突出物象的结构特征。以理解和表达物体自身的构造为目的，透视原理的运用自始至终贯穿在观察的过程中，而不仅仅注重直观的方式，这种表现方法相对比较理性，可以忽视对象的光影、质感、体积和明暗等外在因素，如图 2.2 所示的形体素描图。

图 2.2　形体素描图

二、全因素素描

通常所说的素描是指全因素素描，包含了形、形体、空间、结构、体积、光影、质感、调子等因素，而前半部分的"形、形体、空间、结构、体积"这些因素组合的素描可称为结构素描，重点表现物体的内部构造，在解决这些问题的基础上，加入后期的"光影、质感、调子"就是完整的全因素素描，如图 2.3 所示。将问题简化并明确，分步骤解决，使初学者容易扎实地掌握素描的一般知识。

图 2.3　全因素素描

第二节 透 视

"透视"一词源于拉丁文（Perspicere）简单的理解就是：将立体的空间物体表现在平面空间内。其意思是通过透明的介质来看物象。把三维景物通过二维平面描绘得到近大远小、具有立体感图像的现象称为透视（图2.4）。综上所述，透视是一种视觉现象，是通过人的视觉器官所产生的一种视觉反映。

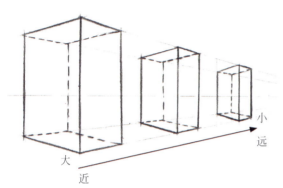

图2.4 透视图

一、产生透视的原因

产生透视的原因和人体眼球的结构有密切的关系。由于人眼看物时，是通过瞳孔反映于眼睛的视网膜上而被感知的，同样大小的物象，距离越近的物象在视网膜上的成像越大，距离越远的物象在视网膜上的成像越小。因此，人们把这种近大远小的视觉规律运用到绘画中，在平面画纸上画出具有空间感和立体感的图画，使得画中的景物、人物等栩栩如生。

二、透视的种类

透视可分为焦点透视和散点透视。焦点透视包括一点透视、两点透视、三点透视。散点透视也称多点透视，即有多个视点，其在中国水墨画中比较常见。

一点透视又称平行透视，就是有一面与画面成平行的正方体或长方体的透视，如图2.5（a）所示。

两点透视也称成角透视，就是任何一面都不与画面平行的正方体或长方体的透视，如图2.5（b）所示。

三点透视也称倾斜透视，就是人们可以看得到立方体的三个面，面的边线可以延伸为三个消失点，俯视或仰视去看立方体就会形成三点透视，如图2.5（c）所示。

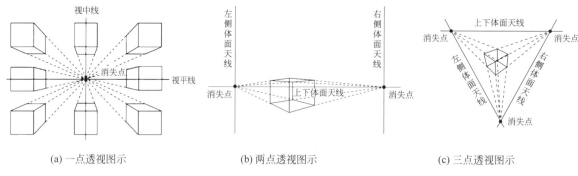

(a) 一点透视图示　　　(b) 两点透视图示　　　(c) 三点透视图示

图 2.5　透视图

原来一点透视这样运用　　原来两点透视这样运用

三、透视与素描的联系

透视是素描中的重要概念，尤其在结构素描阶段，透视与造型、空间、结构、体积有着极为密切的关系。对透视的敏感，是学习者建立画面立体感和三维空间感的关键。透视是一门专门的学问，有较为严格的理论与作图法则，数学般严格的作图在建筑制图中较为常用但在素描与结构素描中的要求通常较为放松，反映出近大远小、近宽远窄等基本的差别即可，如图2.6 和图2.7 所示。

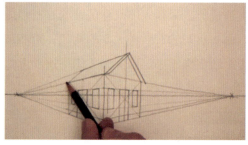

图 2.6　建筑物透视素描训练步骤 1

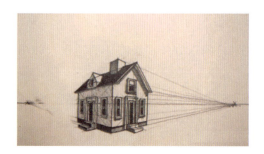

图 2.7　建筑物透视素描训练步骤 2

四、透视绘画实操

空间开阔、排列有序的照片常常是练习的首选，照片画面包含建筑、铁路、路边的树、路边的电线杆等都是练习透视的好素材。通过照片练习后再到室外写生教学大楼的走廊、校园道路巩固知识，如图 2.8~图 2.11 所示。

图 2.8　铁路透视分析

图 2.9　走廊透视分析

图 2.10　透视练习图 1

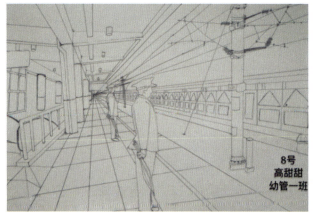

图 2.11　透视练习图 2

通过透视练习能够懂得画面比例和视觉纵深表达，可为未来的美术学习打好基础。

第三节　素描绘画实操

一、素描常用的工具与材料

画板、铅笔、炭笔、橡皮、素描纸等均是素描画的基本工具，如图 2.12 所示。

图 2.12　素描画的基本工具

（一）笔

通常使用铅笔，铅笔韧性较好，便于画出多色阶的线条且易于修改。现在美术品商店提供的铅笔种类繁多，从最硬最浅的 6H 型号到最软最黑的 10B 型号都可以买到，但是建议大家选择 HB 到 6B 之间的型号。HB 铅笔较硬，适用于刻画清晰细致的线条，6B 的铅质稍软，起稿阶段为了不划伤纸面，同时为了避免滑腻的效果，可使用 4B 或 2B 起稿，一般硬质铅笔画在软质铅笔线条上会有更强的附着力，能够一定程度地避免画面后期出现的滑腻现象。

（二）纸

素描纸是练习几何形体素描的好选择，从纸的质地来看，以手触摸时有适当摩擦感的纸张为宜。

（三）橡皮

目前的橡皮品种可谓琳琅满目，但论其特性可分为三类。

（1）软质橡皮。性质柔软，容易清除铅笔灰，不会损伤纸面，适合起稿，调整黑、白、灰关系时使用。

（2）硬质橡皮。较软质橡皮而言略硬，清除铅笔粉能力优于可塑橡皮，比较适合画精细部位时使用。

（3）可塑橡皮。性质极其柔软，对于较黑的铅笔粉不易清除，绝对不会对画纸有任何损伤，适合刻画细部以及大面积调整黑、白、灰关系时使用。

（四）画板

初学者练习应该选择木质板面的 4 开画板为宜。画夹因为携带方便，所以适宜写生时使用，但是其弹性及平整度都不如木质画板理想。

（五）画架

画架种类繁多，初学绘画可以选择最简单的木质画架或金属画架，这两种画架都是两角在前一脚在后的三角形结构画架。木质画架由于材料原因，使用时更稳定些，而金属画架则比较灵活，能够折叠，更符合写生时"就地作画"的特点，因此适宜写生时使用。

二、素描的作画姿势

首个需要大家注意的问题就是作画时的姿势，很多同学在画画时往往不在乎作画姿势，不是弯腰就是驼背，要么就是把双脚踩在画架和椅子的横掌上，有的同学甚至还翘起"二郎腿"来作画，这样画画时间久了，不仅对身体不好，还会大大折损画面的效果。你也许会问："错误的作画姿势怎么会影响画面效果？"因为作画过程是眼、脑、手配合的过程，身体的各个部位都影响着三者之间的协调配合，例如，弯腰驼背的时候，你的头会离画面比较近，这样很难照顾全局，从而导致形不准等问题的出现。

标准的作画姿势不仅可以带来好的画面效果，同时也是一位画家所必须具备的艺术气质，由此可见作画姿势的重要性，如图 2.13 所示。

图 2.13　标准的作画姿势

正确的执笔并不是一种特定的手势，它可以恰如其分地表达出画者所要的线条和调子。要做到这点，最重要的就是要放松握笔，笔在大拇指、食指与中指的作用下，能够灵活运转到笔尖不同的粗细面，完成所需表现的粗细不一、轻重有别的线条。

三、素描的线条训练

线条是素描训练中塑造对象的主要手段。对初学者来说，掌握线条的曲直轻重极为重要。本节介绍几种线条排布与交叉的方法，方便大家在作画过程中对号入座，比较得心应手地处理画面中的各个部分，以求达到艺术上的和谐。

1. 握笔姿势

在练习线条过程中，要注意用笔、握笔的方式，落笔时要体会手、腕、肘的运动对线条的影响，画出线条轻重、浓淡、疏密的关系，让线条在平稳、自然、有序、顺畅中得到轻松的展现。如画好素描排线就要有一个正确的握笔方式，正确的握笔方式有两种：常规握笔方法和写字式握笔方法，如图 2.14 所示。

2. 排线的方向

素描排线的方向，通常由右上方向左下方往返进行排列。这种方法与人的生理习惯相适应，这种排线的方法在素描中用得最多。也有自上而下，自左至右进行的排线。为了表现或者衬托某一个物体，往往是先按照它的边线形状进行排线，然后，再由右上方至左下方进行排线，如图 2.15 所示。

图 2.14　常规握笔方法

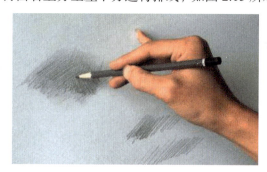

图 2.15　素描排线

3. 排线的形式

一根根线条的轻重，直接影响着画面深浅调子的变化。正确的排线是两端轻，中间重，线条方向一致，疏密匀称，能变换排线方向，一层一层加深，切忌乱涂。在排线时，要避免线的两端深，中间浅，要力求线条均匀。调子所形成的均匀透气效果，不是一次排线所能达到的，常常需要多次排线才能画成。

具体说来，素描的排线形式有以下几种。

（1）平行排线，是有次序的顺手排线，如图 2.16（a）所示。

（2）重叠排线，就是在某一集中区域多画几遍，多次重叠后，线条几乎看不见，成为一个完整的透气色块，如图 2.16（b）所示。

（3）交错排线，就是在画过第一遍排线以后，再在上面交叉覆盖第二层不同方向或者不同力度线条的排线，多遍叠加成透气的网状色块，如图 2.16（c）所示。

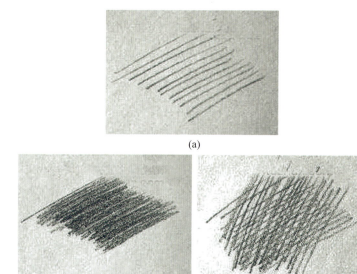

图 2.16　素描的排线形式 1

（4）转折排线，适合边缘为直线的物体形态结构的排线形式，能更好地塑造物体的形态，画起来比较顺手，如图 2.17（a）所示。

（5）弧形排线，表现圆形物体时常用到，弧形排线可表达出圆形物体的美感，根据结构进行塑造会更加顺畅、贴切，如图 2.17（b）所示。

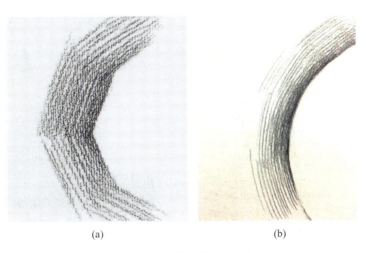

图 2.17　素描的排线形式 2

在素描塑造的同时，排线是运用最多的一种表现形式。排线时注意同样方向的线条重叠排列会成为一个不透气的色块，一排线条间隙较小时，可换方向继续排，如此反复，方向转换到一定程度，线条不再透气时，则转换力度，继续加深，形成透气的网状线条。图 2.18 的素描展现了排线方向及手法影响对象表面质感。

图 2.18　素描排线与质感

四、素描的色调与结构素描的画法

素描石膏几何体是学习素描的重要入门课程，通过简单的几何体解决对形、形体、空间、结构体积等基本问题的掌握，对素描工具、线条排布等知识综合运用，完成一张完整的素描作品。掌握素描几何体以后，会为后续的静物、人像、风景等素描乃至创作打下坚实的基础。

1. 素描的色调

结构素描在外轮廓形和结构形的基础上会涉及部分明暗色调。在画结构素描之前，先来了解素描的色调。素描的色调一般可概括为"三大面、五大调"。"三大面"是指物体受光后,会分为亮面、灰面、暗面,即通常所说的"黑、白、灰"。"黑"指物体背光部,"白"指物体受光部,"灰"指物体侧光部。暗面又分为明暗交界线、反光、投影。"五大调"包括高光、中间灰、明暗交界线、反光、投影。明暗交界线、反光、投影属于暗部,高光和中间灰为亮部。了解了素描的"三大面"和"五大调"后,结构素描的立体感与空间感也就容易表现了,如图2.19和图2.20所示。

图2.19　素描的"三大面""五大调"色调

图2.20　苹果明暗色调

2. 结构素描的画法

（1）绘制结构素描的基本方法

首先,在面对写生对象时,应考虑单体或者组合在画面中的整体位置,合理均衡地安排物象。幼儿教师要树立这种构图意识,在画面中大概的位置布局,继而在画纸上确定物体所在画面的最高点、最低点、最左边和最右边的点,只有准确地确定了四个点的界线,才可以在接下来的作画步骤中不至于有太大的偏差。

其次,单个主体物在构图上是比较好把握,如果在多个主题物的情况下,就要考虑彼此之间的位置及其大小比例的关系,并进行逐个确定大小及位置。

最后,根据确定的位置进行起稿绘画。在绘画之前,可以先观察物体是不是轴对称图形,如果是比较好处理,只需要画出对称轴,继而根据对称轴进行主体物的绘制;如果不是轴对称图形,教师可以按照由近到远或者由远到近的顺序进行绘制,目的是能够更好地提醒教师要处理好透视关系。图2.21~图2.23所示为几幅素描图。

图2.21　临摹1

图2.22　临摹2

综上所述,绘制结构素描的方法简单可分为两种:单个物体临摹或写生和多个物体临摹或写生。

单个结构素描练习

图 2.23 临摹 3

(2)单个石膏体结构素描

以正方体为例,介绍单个石膏体结构素描的绘画步骤,以此来了解其画法。

步骤 1:在画纸上以清淡的线条大概地确定正方体在画面中的位置,如图 2.24(a)所示。

步骤 2:用较为肯定的线条根据步骤 1 确定的大概位置画出正方体的轮廓结构线,注意透视虚实的关系,线条不可繁缛,确保画面整洁清晰,如图 2.24(b)所示。

步骤 3:在确定轮廓结构线的基础上进行明暗交界线与投影的交代,颜色涂抹不可浓重,要突出形体结构的线条关系,如图 2.24(c)所示。

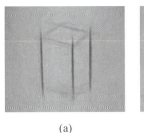 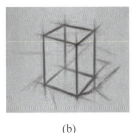 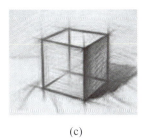

(a) (b) (c)

图 2.24 石膏体结构素描的绘画步骤

(3)石膏几何单体结构素描

石膏几何单体包括正方体、圆锥体、长方形与四棱锥贯穿体、纵横向长方体穿体、圆球体、切面球体。正方体的结构相对比较简单,常作为石膏几何单体结构素描入门训练的素材。表现过程中,注意线条的近大远小、近实远虚,像透明玻璃盒子一样,如图 2.25(a)所示。

圆锥体的结构相对比较简单,两条直线和一条弧线组成锥体外轮廓。锥体的结构特征就是其底部的圆形向上逐渐缩小,最终到尖部消失,形成圆和两侧直线的结构特征。从轮廓构造看,圆锥体由一个椭圆和两条斜线相交构成。其明暗交界线实际是有着深浅宽窄渐变的斜面,描绘时应注意颜色渐变要均匀自然，运用不同浓度的铅笔表达，从上到下的纵向变化应当分多层表达，从左到右的横向变化注意灰部的衔接，如图2.25（b）所示。根据圆锥体的结构特征，可以对这个锥体进行结构分析，以突出其立体感和空间感，画出几条主要的结构线，注意前后形体在用线上的虚实、强弱之分。

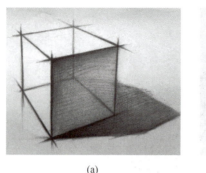
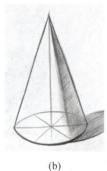

图2.25　石膏几何单体结构素描

如图2.26（a）所示，可以通看到长方形与四棱锥的穿插组合结构，两个形体交叉的过程中产生出复杂的界线，在描绘过程中首先应当注意轮廓线的前后左右连接关系，结构素描在这时的作用是弄清被遮挡的穿插关系，忽视容易出现错位扭曲等错误。需要注意的是长方形高和宽的比例关系。

纵向与横向两个长方体穿插在一起，获得了相对复杂的形体，如图2.26（b）所示，半侧面角度会产生透视，增加了一定造型难度。起稿时应当反复比较线条的长度与斜度，即距离与方向，注意虚实关系，调子不可涂抹过度。

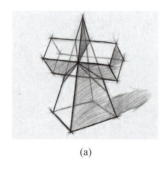
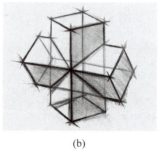

图2.26　长方形与四棱锥的穿插组合结构

如图2.27（a）所示，圆球体的结构较为简单，但初学者从正方形逐步切出圆球体存在较大的难度，需耐心严谨。球体外形为正圆，内在结构由于透视的缘故呈现为椭圆，需从梯形里切出，椭圆远处的边偏平一些，近处的鼓一些。

如图2.27（b）所示，由许多三角形块面组合而成的切面球体，看起来构造原理很简单，在绘制过程中，每个三角形块面因处在空间中的位置不同而产生透视变化，初学者往往容易忽略这些变化，对长度与斜度的观察和比较不够仔细。

石膏几何形体组合结构素描的绘画步骤如下。

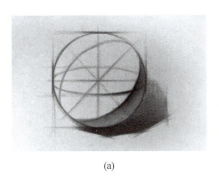
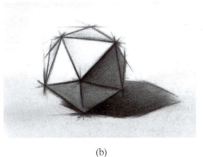

图 2.27　圆球体的结构调子

步骤 1：以长直线连接静物组合最外侧的点，确定物体在画面中的具体位置，注意主体物之间的大小比例关系，如图 2.28（a）所示。

步骤 2：逐个绘制形体轮廓，并画出物体的内部结构，通过这样的方式来检查物体的形体和透视准确性，如图 2.28（b）所示。

步骤 3：保留起稿时的线条，作为辅助线，逐步确定几何形体的明暗交界线及投影，画出物体的体面结构关系，并加强外轮廓线。需要注意线条的虚实变化，画面主要的地方可画得实一点，次要的地方可画得虚一点，转折部位强调表现，如图 2.28（c）所示。

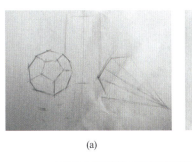
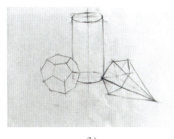
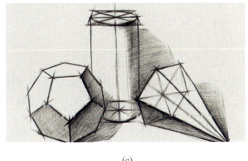

图 2.28　结构素描步骤

五、实训范画

如图 2.29 所示，使用手机图片编辑软件对图片进行滤镜处理可以得到素描效果，再进行绘画练习，以提高观察力和表现力。

原画面　　　　　　　　　　　　　　编辑后

图2.29　使用手机图片编辑效果对比

图2.30所示为学生的作业作品。

图2.30　绘画练习

在日常生活中找到大小合适的物品进行组合，拍照构图，再进行素描绘画的练习。利用手机图片编辑软件对照片进行黑白处理，注意拍摄远近、角度，避免物体在镜头里变形。

学生作业欣赏：幼师班零美术基础的学生在4~6节课的实操训练中已经能在画面中清晰表达对素描的理解，如图2.31~图2.36所示。

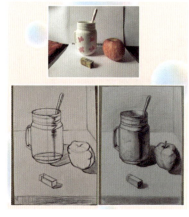 

图2.31　利用手机图片编辑软件处理素描1　　　图2.32　利用手机图片编辑软件处理素描2

图 2.33 结构素描练习

图 2.34 照片素描处理练习

图 2.35 刘斌素描作品 1

图 2.36 刘斌素描作品 2

第四节 构图技巧

一、构图的概念

构图是指创作者在一定空间范围内，对自己要表现的形象进行组织安排，形成形象的部分与整体之间，形象空间之间的特定的结构、形式。简而言之，构图是造型艺术的形式结构，包含全部造型因素与手段的总和。

在各种造型艺术中，构图称呼有别，例如绘画的"构图"，设计的"构成"，建设的"法式"与"布局"，摄影的"取景"，书法的"间架"与"布白"等均指构图。

构图概念内涵丰富，包括以下几点。

（1）艺术形象在空间位置的确定。

（2）艺术形象在空间大小的确定。

（3）艺术形象自身各部分之间、主体形象与陪体形象之间的组合关系及分隔形式。

（4）艺术形象与空间的组合关系及分隔形式。

（5）艺术形象所产生的视觉冲击感。

（6）运用的形式美法则和产生的美感。

二、构图重点

构图显示了作品内部结构与外部结构的一致性，反映了作者思想感情与艺术表现形式的统一性，是艺术家人格力量和艺术水准的直接体现，也往往是艺术作品思想美和形式美之所在。为此，构图能力在美术创作中，构图分析在美术欣赏中，占有相当重要的地位。当人们在进行创作过程中，构图是较为重要的一步，重点应把握以下两点。

（1）确定构图的基本形和形式线，分割画面的主要长线有竖线、横线、斜线、折线、波浪线，它们在构图中起主要作用。画面表现形象主体组合的基本形状，有三角形、圆形、断环形、放射形、旋形、同心圆、十字形、栅栏形、"S"形等，正是这些形式线和基本形成为构图的主要构成形式因素，由于基本形和形式线与世界上各种自然现象或人的形态相似，便具有丰富的感情联想性。

例如，埃及建筑《胡夫金字塔》三角形构图的稳定感，其巨大的震慑力，使千百万奴隶感到奴隶主统治的不可动摇。再如，俄罗斯彼得堡雕塑《彼得大帝纪念碑》的斜线构图运动感，体现了这位政治革新家的勇往直前、不断向上的精神气概。因此，构图的形式线和基本线也是形象产生美感的主要因素，如图2.37所示。

（2）探求构图所运用的形式美法则。迄今为止，形美法则有两类八对十六种：均衡与对称、渐次与重复、对比与调和、比例与尺度、节奏与韵律、体与主体、微差与统调、特异与秩序、前者多显示生动型，而后者显示秩序型。

图 2.37 米洛的维纳斯

生动与秩序，变化与统一，多样与整体两个因素，既对立排斥，又影响制约，相辅相成存在于一个统一体中，这便是形式美法则的本质和灵魂所在，运用形式美法则也必须遵守的规律。例如，过分追求生动、变化，构图会变得杂乱无章，这样不仅失去了秩序美，原先所追求的生动美也荡然无存，反之，如一味强调构图秩序、统一和平衡，作品会变得呆滞。要处理好每对法则中两者之间的关系，一件美术作品的创作中可能运用多种形式美法则，关系处理得好坏，则显示出作者水平的优劣。

《米洛的维纳斯》构图：① 体形呈"S"形弯曲，自然优美；② 脐点为全身的黄金分割点，喉头为上身的黄金分割点，膝为下身的黄金分割点，比例非常优美；③ 肩宽上臂宽之比也多黄金化；④ 胸与腹两上面共穿着均衡委婉地全身承受光的投射，罗列称为"光的史诗"。

图2.38所示为《2008年北京申奥标志》构图，① 总体多斜线式构图，富有运动感；② 斜向拉长气势连贯的五环，具有多重寓意；飞跑的人、打太极拳姿势、北京蓬勃发展的形势、中国人民申奥的自信心、奥运会的团结向上宗旨、富于民族传统特色的中国结等。大家可

图 2.38 2008年北京申奥标志

以多看、多欣赏名作品，思考构图的内涵和本质，然后或多或少在自己的作品中表达出来，最后一定要了解总体构图形式与画面形象对应映照必然更集中、更准确、更全面地反映作品的内容和本质。

三、构图十大技巧

素描构图步骤

通过观察很多不同的画作会发现，构图虽然没有规则，但是也是有规律可行的。下面了解一下插画构图的技巧，在创作的时候可以参考这些构图。

1. 中心构图

把主体放在中心，直接突出重点，抓住人们眼球，这是最常见的构图方法。主体容易突出，构图也方便，此类构图适合平时练手和新手操作。

中心构图具有最佳的画面平衡性，最为稳定，十分适合描绘人物、建筑、静物等题材，如图 2.39 所示。

2. 上下构图

上下构图是指以水平线为基准将画面分为上下两个部分，主题物可以集中在上面，也可以集中于下面，主要看插画师想要表现的主题来确定，如图 2.40 所示。

3. 左右构图

左右构图是指将画面分为左右两个部分，根据画面的主题需要，视觉中心可以集中在左右两侧，也可以集中在一边，左右构图是最常见的构图之一，如图 2.41 所示。

图 2.39　中心构图

图 2.40　上下构图

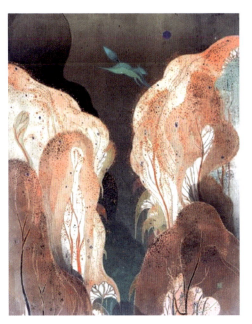

图 2.41　左右构图

4. 左中右构图

左中右构图是将画面分成左中右三个部分，也是最符合视觉流程的构图形式。

主体物通常出现在画面的中间位置，可快速突出主体物。左中右构图也可出现对称的情况来平衡画面，这时的画面具有庄严神圣感，如图 2.42 所示。

5. 对角线构图

对角线构图是一种极具动势的构图形式，将画面向两个端点无限延伸，极具视觉张力。这种构图可以营造出画面的紧张感、运动感，会让画面动起来，是静态插画中的动态调和剂，如图 2.43 所示。

图 2.42　左中右构图

图 2.43　对角线构图

6. 井字形构图

井字形构图即九宫格构图，具体是指用横竖线将画面分成 9 个区域，画面的主体物通常会出现在某个交点上，如图 2.44 和图 2.45 所示。

图 2.44　井字形构图 1

图 2.45　井字形构图 2

井字形构图形式也多运用于摄影构图中，它往往能快速吸引观者的注意力，画面氛围安静且别有韵味。

7. S 形构图

S 形构图具有一定的动势,多为描述蜿蜒的山丘河流,以及女人婀娜的姿态。画面具有柔美感和动感,如图 2.46 和图 2.47 所示。

图 2.46 S 形构图 1

图 2.47 S 形构图 2

8. 三角形构图

三角形构图通常用来表现人物的形象,或者体现环境的质感。此外,还有一种倒三角形的构图。相比正三角形,倒三角形会更活泼些,如图 2.48 所示。

9. 水平线构图

向水平方向望去天和水面交界的线称为水平线,水平线构图给人一种延伸的感觉,水平、舒展的线条能够展现出宽阔、和谐的感觉,如图 2.49 所示。

图 2.48 三角形构图

图 2.49 水平线构图

10. 垂直线构图

垂直线构图以垂直线条为主,如树木、建筑等,垂直的线条能够体现主体的高大和深度,如图 2.50 所示。

图 2.50　垂直线构图

四、构图分析实操

每组同学分别准备 3 幅以上的不同构图的图片（数字图片可以用 U 盘备好），登台讲解，进行随堂互动。

第五节　绘画速写人物比例

一、人物躯干比例

人体的基本比例关系是"站七、坐五"，但根据具体动态的特点和透视变化，比例也会发生变化，应当灵活应用，如图 2.51 所示。

基本人体比例：在观察人体时，一般以人的头长作为一个单位，来衡量各部分比例。下颌至乳头为 1 头长；乳头至肚脐为 1 头长。上肢一般为 3 头长：上臂为 1 头长；前臂为 1 头长；手为 2/3 头长。下肢一般为 4 头长：大腿、小腿分别为 2 头长。人体身高的 1/2 通常在耻骨附近。

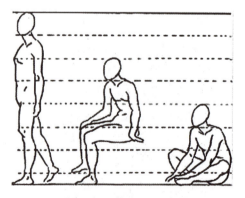

图 2.51　基本人体比例

人体比例动态：人体比例与动态的关系被归纳为"站七坐五盘三半"，即站姿共七个头长，坐姿共五个头长，盘腿共三个半头长。这是因为坐姿去掉了大腿的 2 个头长，盘腿的姿势去掉了大腿和小腿的长度，共 4 个头长。但在平时的写生中，通常会将站姿和坐姿的人物多画半个头长，使其在视觉上更为舒展。

不同年龄的人体比例：人体比例与年龄有着密切的关系。10 岁以下的儿童腹部较为突出，身体稍圆胖一些；10 岁以上身体开始变匀称；成年时期人的肩变宽，体格更健壮；到了老年时期，腰、膝开始弯曲，身高变矮，如图 2.52 所示。

图 2.52 漫画中常用的几种人体比例效果

漫画中常用的比例效果如下。

8 头身属于成熟头身比例，从脖子到腰是 2 头身，臀部到大腿部分小于 3 头身。

7 头身是常用的人体比例，适用于表现体型匀称的人物，适用于大部分风格漫画。

6 头身比例会稍显可爱，上身明显缩短，腿部拉长。

5 头身其实很接近 Q 版风格（4 头身完全属于 Q 版风格）。

3 头身整体是短短的圆圆的（如巧虎）。

2 头身人物的头和身体各占身高的一半，虽然不适合表现各种复杂的动态，但是很适合表现夸张的表情，非常可爱（如小猪佩奇、喜羊羊），如图 2.53 所示。

图 2.53 漫画中常用的几种比例效果

头身比例如图 2.54~图 2.56 所示。

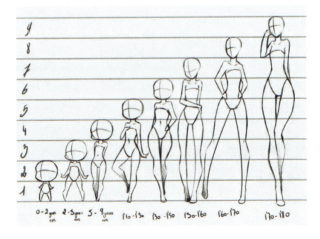

图 2.54 头身比例图

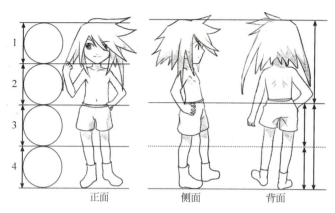

图 2.55　儿童头身比例图

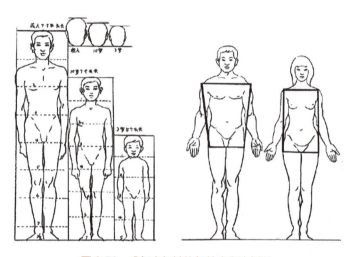

图 2.56　成年人与其他年龄头身比例图

男女体型差异：总体来说，女性的骨骼较男性的骨骼纤细。然而，男女体型最为显著的差异是男性的肩宽比骨盆宽，而女性的肩宽与骨盆的宽度接近。

人体动态：人体动态的变化丰富，并且牵一发而动全身。因此，除了要研究处于静止状态的人体结构及其局部运动规律外，还要将各部分串联起来，认真研究人体全身的运动变化及某些规律。一般将人体归纳为"一竖（脊柱线）、二横（两侧肩峰连线与两侧髂前上棘连线）、三体积（头、胸廓、骨盆）、四肢（上肢与下肢）"。

同一模特正、背面动态线的变化解析。

要想将动态速写画好，必须学会抓住和表现"动态线"。动态线是表现人物动作特征的主线，一般体现在人体大的动势关系变化上。表现正、背面人物时，动态线主要体现在脊椎和四肢的变化上；表现侧面人物时，动态线往往体现在外轮廓的一侧。抓住动态线对于画好动态速写至关重要，如图 2.57 所示。

那么如何抓住动态线呢？应注意以下几个方面。

（1）动态线是因人体动作变化产生的，它是外轮廓上最明显、衣服与身体贴得最紧的部位。

（2）画动态线时，要抓住大的形体，抓住关键的动势并注意动态的重心。

（3）动态线是非常简练的线条，要根据动作的复杂程度决定动态线的多少。在每个动作中，主要的动态线仅有一条，其他的都是辅助动态线。

（4）抓住人体的各个关键部位的结构关系，如头与肩、手臂与躯干、骨盆与大腿、大腿与小腿，以及小腿与脚踝的交接处。这些部位往往对人体动态起着决定性作用。

画动态时需要一些感性，在绘画的过程中要抓人体主要的动态线，要注意人体动态的透视关系。注意头、颈、胸廓、骨盆之间扭转的角度和透视，如图2.58所示。

图2.57 动态速写

图2.58 人体动态与体块

强化人体的动态特征，注意线的疏密、缓急和松紧变化。

可以对同一模特的不同动态进行表现，也可以对模特的整体动势和细节变化进行全方位的表现，如图2.59所示。

图2.59 人体重心

画人物动态时，首先要找准支撑动态的重心位置，才能把动态协调地表现出来。人体重心主要体现在受力部位，如站立、行走、下蹲的姿势，重心点就落在双脚或其中一只脚上；坐姿的重心点主要落在臀部；做手落地支撑或后仰靠肘关节支撑的动作时，重心点就在手上或肘关节上。人体的重心不只落在一个部位，而是要根据不同的动态而定，动作幅度大，人体受力部位就多，重心点也就多。例如，运动员预备起跑时，身体弯曲向前倾，双手落地，一只脚在前，另一只脚在后，那么

人体的重心就落在双手和前面的那只脚上,形成三个重心点,以保持动态的平衡和稳定。

因此,理解人体重心位置要根据不同的动态而定,注意培养自己的直觉判断力。有个基本的方法,那就是根据对人体姿态起稳定作用的受力点来确定人体的重心位置,同时,借助垂直线进行辅助测量。

儿童速写欣赏如图2.60和图2.61所示。

图2.60 儿童速写1

图2.61 儿童速写2

二、人物五官比例

五官特指人的外貌长相。人们常说的"五官",指的就是"眉、眼、耳、鼻、口"五种影响容貌的面部特征。常言道五官端正、五官精致,是以容貌而言,故五官是指表示人的外貌长相的五大面部特征,它们分别是眉、眼、鼻、口、耳,对于容貌都很重要。而人们也常常以此判断一个人的容貌长相,如眉清目秀、鼻直口方等词语的描述,如图2.62所示。

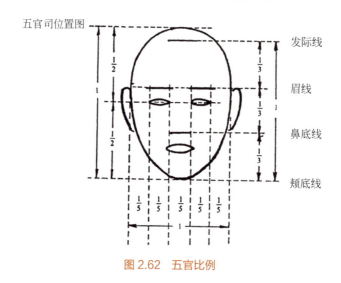

图2.62 五官比例

五官是人物的主要特征。素描头像学习中,把握好人物五官比例问题非常重要。虽然每个人的长相不同,但正确的五官比例能让素描头像看起来更生动,如图2.63所示。

图2.63 冷军成名作速写肖像画:《小罗》;真人小罗和肖像画小罗

在幼教美育中选择的对象常常是卡通人物,此类动漫人物的比例更注重可爱感。

三、速写实操

(1)准备不同动作任务,同学之间轮流做模特,可以快速有效地提高速写能力。人物五官表情的练习建议先使用手机拍照再描画。著名喜剧演员的脸部表情特征是很好的练习素材。速写画是儿童画过渡到成人画的桥梁,如图2.64所示。

图2.64 动画原画大师罗恩的速写创作稿与速写指导书

(2)素描练习题。

① 完成3幅基础素描图(单个水果静物结构图和全因素素描图、临摹3个以上静物组合素描图)。

② 组合3个以上静物,用数码相机拍照后将图片黑白滤镜处理成素描图,再进行素描写生。注意光线、拍照角度与构图。

③ 百度搜索图片:临摹著名动漫形象3个以上。

扫描以下二维码观看素描小视频及动漫参考图例。

静物组合练习　　利用照片练习素描　　简易卡通图案的
　　　　　　　　　　　　　　　　　　　　绘画方式

第三章 简笔画与线描画

教学目的

(1) 了解简笔画、线描画的概念及其所需材料。
(2) 掌握简笔画的绘画原理，完成简笔画绘画练习。
(3) 掌握线描画点线面的变化与绘制技巧。
(4) 完成线描画绘画练习。

教学重点

进行简笔画实操练习，掌握点线面的装饰纹样画法，学会独立完成一幅完整的简笔画作品和一幅线描画作品。

教学难点

(1) 懂得简笔画手绘的概括简化办法、绘制的线条优美简洁。
(2) 点线面的纹样变化美观、精致。

第一节 简笔画

案例描述:"一个丁老头(鼻梁),借了两鸡蛋(眼睛),我说三天还(抬头纹),他说四天还(嘴),买了个大皮球(脸),买了三根葱(头发),花了三毛三(耳朵),买了块豆腐(身体),花了六毛六(胳膊),买了串糖葫芦(衣服扣子),花了七毛七(腿),我就是丁老头。"

在学生的以上诵读中,教师在黑板上画了一个非常生动可爱的丁老头简笔画,如图3.1所示。接着就简笔画的概念及其基本的绘画方法让学生发表不同的观点及看法。

问题:什么是简笔画?简笔画的特点是什么?简笔画有没有什么方法可循?画简笔画的时候要注意哪些问题?

图3.1 "丁老头"简笔画

一、简笔画基础知识

简笔画属于美术的一种,它并不用颜色进行渲染,而是一种用最基本的线条、平面图形表现客观对象主要特征的快速绘画方法。简笔画的绘画要求,不再是传统的临摹与机械的复制,而是在于概括、简洁的写意、传神。由于简笔画简单、形象的特点,它是广大人民群众特别是少年儿童非常喜欢的一种通俗类艺术,是幼师教育中的一部分。简笔画是幼儿教师必备的一项基本美术技能,无论是在教学中或幼儿园玩教具制作及幼儿园环境创设中,都需要教师有非常好的简笔画造型能力及手绘基础。通过简笔画的学习及训练,能够迅速提高学习者的精准抓形能力及形体概括能力。简笔画对幼儿教育来说,还是一种较为理想的直观教学手段,要求幼儿教师必须掌握这基本的教学技能。

(一)简笔画的概念与特点

概念:简笔画是一种综合目识、心记和手绘等的活动,运用简洁明了的笔触及适度夸张的手法来概括性地描绘客观对象的平面绘画,其所描绘的形象具有精简、生动且富有童趣的特征。

特点有以下几点。

(1)笔触简洁精练。寥寥几笔即可描绘出所要展现的物态。

(2)构图概括性强。画面简洁明了且能精准地表达出所要描绘的事物,具有高度的概括性。

(3)形象生动,具有童趣。适当运用夸张的艺术效果,使得所绘事物更加生动形象且具有趣味性。

(二)简笔画造型的基本技法

简笔画是用简洁明了的笔触概括构图,那么简单明了的笔触指的是哪些呢?其实就是大家所熟悉的点、线、面、几何图形等绘画要素,将它们有序进行组合。世间万事万物的造型,无论简单或复杂,均可用点、线、面、几何图形等展现，但需要抓住事物的鲜明特征与特点，才能使所画之物形象生动。

1. 点

点是最小的造型要素，在视觉上有大、小、圆、方等以及其他一些不规则的点状形态。点的构图如图 3.2 所示。

图 3.2　点的构图

2. 线

线的运用是最普遍的，有横线、竖线、斜线、曲线、波浪线、折线等（图 3.3），不同的线条有着不同的特性和情感因素（图 3.4）。

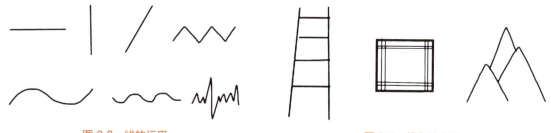

图 3.3　线的运用　　　　　　　　　　　图 3.4　线条的表达 1

3. 面

各种线与线的组合构成不同的形体结构，有正方形、长方形、三角形、菱形、平行四边形、圆形、椭圆形等以及一些不规则图形。具体如图 3.5~图 3.7 所示。

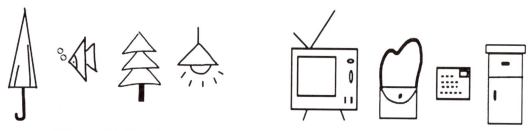

图 3.5　形态点的组合图　　　　　　　　图 3.6　线与面的运用

图 3.7　线条的表达 2

（三）简笔画的分类

按照物体的基本性质，简笔画大致可分为四大类别，即静物、植物、动物和人物。

1. 静物简笔画

静物简笔画有家电、家具、生活用品、日常器具等，在画静物简笔画时，要注意绝大多数物体是对称图形，如床头柜、花瓶等。画静物对于提高绘画者的技艺是非常重要的，因为它与画植物、动物、风景、人物等相比较，容易掌握；通过静物的绘画，绘画者可以提高对物象的观察力和表现力，为简笔画打下坚实的基础。图3.8所示的是静物台灯的简笔画步骤图。

2. 植物简笔画

植物简笔画包括花草、瓜果、蔬菜、树木等。需要强调的是，在画植物简笔画时，对植物繁杂的枝叶要有取舍，做到有疏有密。画花卉瓜果时，要尽量抓住主体物的特征，重点描绘。图3.9所示的是树的简笔画步骤图。

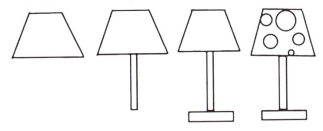

图3.8　静物台灯的简笔画步骤图

图3.9　树的简笔画步骤图

3. 动物简笔画

动物的种类很多，它们形态各异，在画动物简笔画时，要根据动物们各自的主要特征，进行简化和概括，适当运用夸张的表现手法以突出其独有的特点，使之形象、生动，让人一目了然。图3.10所示的是小猫的简笔画步骤图。

4. 人物简笔画

人物简笔画对初学简笔画的学生来讲，都有说不出的恐惧感，其实这也是绘画中常犯的一个错误，混淆了绘画类型，误把对平面绘画中的人物刻画标准等同于简笔画人物刻画的标准。在平面绘画中，如速写、素描、油画等，人物的头部、四肢等均作为刻画的重点，然而在简笔画中这些都是处于次要地位，更多的是强调用笔概括简练，进而突出人物的体态造型。图3.11所示的是一个小女孩的简笔画步骤图。

总之，简笔画在教学中具有重要作用。

图3.10　小猫的简笔画步骤图　　　　图3.11　一个小女孩的简笔画步骤图

1. 加强幼儿对简笔画的认识

学前教育是特殊的教育阶段，这一时期的幼儿对汉字、知识的认知能力不是很强，却对图画、有趣的东西有着极大的兴趣，简笔画便成为幼儿喜爱的对象。学前教育可以将简笔画作为切入点，让幼儿在学习与欣赏简笔画的过程中，将汉字、拼音等知识消化与吸收，达到兴趣教学的目的。真正地意识到简笔画对于学前教育的重要性，才能真正发挥简笔画在幼儿教育中的作用。

2. 配合有效的教学方法

第一，丰富教学语言。幼儿园时期的小朋友，他们的语言能力还不发达，但是他们的眼睛、耳朵却十分灵敏，教师可以利用幼儿的这种特点对其进行教育，从而将其他知识随着简笔画的学习不断渗透给幼儿。

第二，活跃课堂气氛。营造一种轻松、愉快与活跃的课堂气氛，对于幼儿的知识学习十分重要。教师可以通过一些游戏、笑话等，将课堂气氛搞活，并让幼儿积极发言，当课堂气氛活跃起来，幼儿的思维打开，日常的教学将变得十分轻松。

第三，化解教学难点。幼儿园教学内容虽然相对简单，但是对幼儿来说，很多学习内容是很有难度的。因而在日常的学前教育中，教师要注意教学中的难点，将它们用一些简单的方式化解，如简笔画的方法、游戏的方式等，从而将教学中的难点用简单的方式表现出来。简笔画就是其中一个很重要的方法。

第四，提高教师素质。教师自身能力的高低关系到幼儿学习与接受的能力。针对幼儿这一特殊的受教育人群，教师应不断提高自身素质，选择一些切合实际、具有针对性的教学方法，使幼儿更轻松、容易地理解教学内容。简笔画是幼儿能接受与理解的方法之一，教师可以将其运用到实际的教学中来，让幼儿在玩中学，在学中玩。

3. 幼儿园体验教学

在具体的幼儿教学中，简笔画的应用之处很多。如在进行阿拉伯数字的教学中，教师可以画一只鸭子，通过这一形象的方法，让学生记住"2"这个数字；在进行拼音教学时，教师可以画一些动物、事物的简笔画，从而让学生通过联想法记住拼音的发音，这对于幼儿的学习有很大的帮助。图 3.12 所示为幼儿板书结合简笔画图。

图 3.12 幼儿板书结合简笔画

二、简笔画实操与范画

画简笔画必备的六大法则（图 3.13）。

图 3.13 简笔画六大法则

1. 课堂练习

可爱的小猪佩奇简笔画步骤如图 3.14~图 3.20 所示。

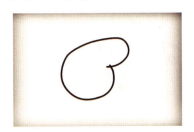

◀ 第一步
首先画小猪佩奇的头，像一个口哨。

图 3.14

第二步 ▶
再画上小猪佩奇的身体，线条要画得圆润一些。

图 3.15

◀ 第三步
在头顶画上两只小耳朵，耳朵下画上两只圆圆的眼睛。

图 3.16

第四步 ▶
再画上鼻子和嘴巴，注意观察位置和线条的变化。

图 3.17

◀ 第五步
在身体的两侧画上佩奇的胳膊和手，像两个小叉子。

图 3.18

第六步 ▶
接着画上佩奇的腿和脚,还有卷卷的小尾巴。

图 3.19

◀ 第七步
最后把可爱的小猪佩奇涂上漂亮的颜色。

图 3.20

2. 照片人物简笔画

图 3.21 所示的上半部分是参考图,下半部分是简笔画训练图。图 3.22 所示的左半部分是原画,右半部分是简笔画。

图 3.21 简笔画练习 1　　　　　　　　图 3.22 简笔画练习 2

3. 作品分享

图 3.23～图 3.26 是典型的简笔画。

图 3.23　简笔画 1——动物

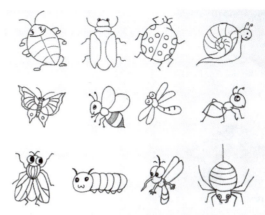

图 3.24　简笔画——2 昆虫

图 3.25　简笔画 3——食物

图 3.26　简笔画 4——花草

第二节 线描画

线描画不仅可以锻炼幼儿眼、手和大脑协调能力，还能够培养幼儿的想象力与创造力等，可见线描画在幼儿美术教育中的重要作用与地位。在这里值得注意的是，幼儿教师在进行线描画的教学中，务必要注意实施教学的幼儿年龄不可太小，尽量选在中班、大班进行教学，因为线描画需要幼儿长时间握笔，年龄较小的幼儿，其手指骨骼还未发育完全，并不适合长时间地保持握笔姿势。

一、线描画与儿童线描画

线描画是指运用线条的无穷变化来塑造形体特征。线是绘画造型的基本语言，是构成视觉艺术形象的一个基本元素。线描画源于中国画法中的白描，是我国传统绘画的方式之一。图3.27所示的是中国画白描。

图3.27 中国画白描，唐代吴道子国画白描人物《送子天王图》第二段

儿童线描画是以单色的线条为主并加以点、线、面等组合而成的一种儿童画创作形式。在儿童线描画教育中，其主要的教育意义是教师引导幼儿通过线条、块面等媒介，描绘并表达其内心的想法和情感，通过这种简单而自然的方式，让线描画成为幼儿直接表达自我，释放内心感受的一种绘画语言。

图3.28所示的是一名5岁半的幼儿所描绘的线描画《自画像》。在幼儿所画的这幅自画像中，他想要展现的是自己真实的搞怪表情，也可以说是其内心深处的一种童真童趣。画面中不难看出幼儿在这一刻，他的心情是相当兴奋与愉悦的。

二、线描画所需工具及材料

（1）笔：水彩笔、马克笔、记号笔、签字笔、水粉笔刷、毛笔、铅笔、圆珠笔等都可以用来绘画，如图3.29所示。另外，线描画的描绘还会运用

图3.28 儿童的自画像

"刮画纸"作为媒介，需要用到削尖的小木棍进行操作。

（2）纸：白纸、彩色卡纸、素描纸，如图 3.30 所示。在幼儿绘画教学中，切记纸张不宜过大，大小以 16 开或者 8 开为宜。纸作为一种重要的媒介，形式可以尽可能多样化，可以采用普通白纸、素描纸、彩色卡纸、牛皮纸、纸盘、面具、纸扇等。

图 3.29　线描画所用的笔

图 3.30　线描画所用的纸张

三、线描画的基本绘制方法

在线描画的绘制中，最为关键的是线条的变形与运用，不仅仅只是简单的塑造形体，除此之外，还需要进行画面整体的装饰性设计。在简笔画中已经详细地讲解了点、线、面等的一些基本造型方法，而线描画在运用简笔画塑造形体之后，还需要学习者利用点、线、面的变形使画面更具有装饰意味与设计感，这就需要大家发挥想象力与创造力，灵活运用点、线、面的艺术装饰性，如图 3.31 和图 3.32 所示。

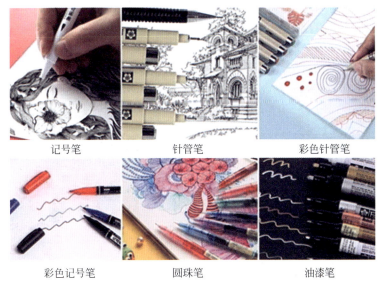

记号笔　　　　针管笔　　　　彩色针管笔

彩色记号笔　　　圆珠笔　　　　油漆笔

图 3.31　各种线描笔

彩色刮画纸　　　　　　　　单色刮画纸　　　　　　　　白色刮画纸

图 3.32　各式线描刮画纸

（1）线：线描画最主要的就是线的把握与变形，除了曲线、直线、波浪线、折线等一些基本形体之外，在线描画中"线"的展现还需要更多的艺术设计，如图 3.33 所示。

（2）点、面：点和面的变形也很重要，它们起辅助作用不可缺，能够使刻画的主体物装饰性更强烈，且更具设计感。在线描画中除了原点，还可以引申为心形的点、三角形的点等。面的造型也是千变万化，各种块面、几何形、不规则形等造型形式都可以运用。点、面的线描画如图 3.34 所示。

图 3.33　线的艺术设计　　　　　　　　　　　图 3.34　不规则形

（3）装饰性：线描画区别于简笔画最根本的一点在于其具有一定的装饰性，这就需要对画面进行整体造型的设计，甚至细小到每一个块面、每一个点的装饰性设计。尤其要注意点、线、面等的夸张变形，尝试用多样化的点、线、面进行主体物的设计与画面整体的装饰，如图 3.35~图 3.37 所示。

图 3.35　点的形　　　　　　　　　　　　　图 3.36　面的装饰纹

图 3.37 点、线、面纹样练习

第三节 线描画实操与范画

一、点、线、面的课堂学习

（1）在画线时，要特别注意以下几点：①线条的流畅性；②笔用力均匀，一气呵成（用笔专注要稳、慢）；③线与线要连接好，中间不能断线，不能在线头连接的地方有空白；④注意大与小、多与少、长线与短线、曲线与直线、重叠与遮挡的关系；⑤用添加、留白、分割的方法来处理画面。可以按图 3.38~图 3.43 所示进行点线面的练习。

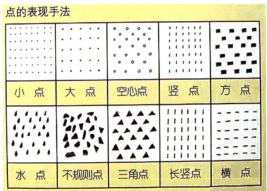

图 3.38 练习点、线、面 1

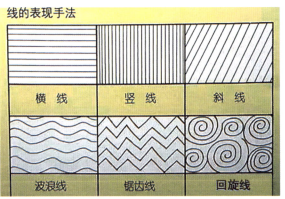

图 3.39 练习点、线、面 2

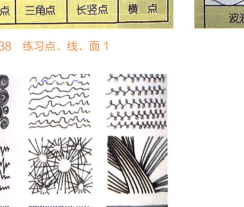

图 3.40 练习点、线、面 3

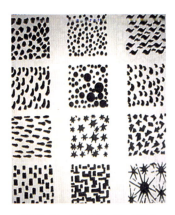

图 3.41 练习点、线、面 4

图 3.42　练习点、线、面 5　　　　　　图 3.43　练习点、线、面 6

（2）实操作业：完成练习点、线、面变化手法多幅；简笔画 5 幅，线描画 2 幅。

（3）扫码示范作业如下。

学生 90 分钟作业　　棉签点涂画　　线描画练习　　轻松画出线描画

二、作品分析与欣赏

分析与欣赏作品，如图 3.44~图 3.54 所示。

图 3.44　线描画 1　　　　　　　　　　图 3.45　线描画 2

图 3.46　线描画 3

图 3.47　线描画 4

图 3.48　线描画 5

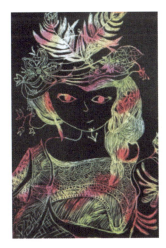

图 3.49　线描画 6

图 3.50　线描画 7

图 3.51　线描画 8

| 图 3.52 线描画 9 | 图 3.53 线描画 10 | 图 3.54 线描画 11 |

以下是来自 18 级幼管班学生期末 90 分钟内的美术线描画创作考试，成绩优秀作品欣赏如图 3.55~图 3.63 所示。

| 图 3.55 线描画创作 1 | 图 3.56 线描画创作 2 | 图 3.57 线描画创作 3 |

图 3.58 线描画创作 4　　　　　　图 3.59 线描画创作 5

图 3.60 线描画创作 6

图 3.61 线描画创作 7

图 3.62 线描画创作 8

图 3.63 线描画创作 9

第四章 色彩的基础知识与表现技法

教学目的

（1）了解色彩的形成、类别、三要素及心理的基础知识。

（2）认识多种与儿童画相关且不同性质的色彩绘画、色彩颜料及其工具素材等，掌握色彩的调配方法及其基本绘画技法。

（3）通过练习与赏析，能够灵活运用各种色彩颜料及工具进行儿童画的创作与教学。

教学重点

（1）了解色彩的基础知识。

（2）练习使用材料的色彩颜料及工具素材，并掌握其基本绘画方法与效果技法。

（3）掌握多种色彩绘画的方法与技法，并能够独立创作绘画作品。

教学难点

（1）色彩三要素；水彩画；水粉画。

（2）强化训练能在15～30分钟完成一幅简单的小型水粉画或油画棒画。

（3）彩色铅笔画；颜料与水的完美配合——水彩笔画，达到深入细致的描绘。

第一节 色彩的基础知识

光与色彩有着怎样的关系？色彩又是怎么形成的？了解色彩的形成是运用色彩的基础，让我们一起走进色彩的世界吧！

一、色彩的形成

人们生活在一个五彩斑斓的世界，色彩在生活中就如同水与火一样，都是生命中不可缺少的元素，那么究竟什么是色彩呢？色彩是光刺激眼睛再传到大脑视觉中枢而产生的一种感觉。色彩的形成一般需要有以下 3 个条件。

1. 光源

光源分为自然光源和人造光源。自然光包括太阳光、星光；人造光包括烛光、白炽灯光、霓虹灯光等。太阳光是标准的自然发光体，早在 1666 年，英国著名科学家牛顿就进行了色散实验，利用三棱镜的原理把日光分解成红、橙、黄、绿、青、蓝、紫这 7 色可见光谱，由此推断出太阳的白光是由这 7 种颜色混合而成，使人们对光和色有了新的认识。

色是光的一种表现形式，光是色的存在条件，离开了光，色彩也就无从谈起。例如，在漆黑的房间不开灯，就看不到任何颜色，也就是说人们凭借光源才能看见物体的颜色、形状、大小等。

2. 物体对光的反射

物体本身不发光，它是光源经过物体的吸收反射，形成的光色感觉。物体产生不同颜色的主要原因是物体对光谱成分选择性地吸收和反射，不同波长的可见光投射到物体上，有一部分波长的光被吸收，一部分波长的光被反射出来，这部分光传到人的眼睛，刺激了视觉神经，从而被识别。

3. 眼睛

除光源与物体以外，色彩感觉是产生色彩的一个前提条件。如图 4.1 所示，人的眼睛是一个特殊的器官，当光刺激眼球时，视神经会将这种刺激传至大脑的视觉中枢，从而产生色的感觉，大脑将这种感觉与物体产生关联，人们就能够分辨色彩了。

图 4.1 光色的感觉传达

因此，刺激视觉神经的光影技术运用在艺术作品里涵盖广泛，在展示、投影、舞台、电视、电影、灯光秀、无人机表演之中，丰富着人们的生活。

二、色彩的类别

从调色的角度来分类，色彩可分为原色、间色和复色，在伊顿色相环中可清楚地看到颜色与颜色之间的关系。色相环是从色相这一概念中产生的一种色彩学工具，把色相中的细分放大再进行混合。基础的十二色色相环由瑞士色彩学大师约翰·伊顿提出，将三原色作为基础色相构成一个等边三角形，在三原色之间填入二次色，再在这 6 种颜色之间填入三次色，便产生了十二色色相环。依照这个规则可以延伸出二十四色色相环、四十八色色相环等。从绘画经验来说，颜料的色相越多，调色混合次数越少，画面就越鲜艳夺目。

（一）原色

图 4.2 所示为色相环、色光、颜料的色彩。原色是最基本的颜色，无法通过其他颜色调和而成，也称为一次色。在颜料中原色只有三种，即红色、黄色和蓝色，这三种原色以不同比例混合可调配出其他各种颜色。在伊顿色相环中三原色形成一个等边三角形。除此之外，还有一种三原色，它们只存在于色光中，即色光三原色：红、蓝、绿。色光三原色表明色彩产生的原理，可用于舞台灯光、颜色摄影、彩色点数等。颜料三原色表现颜料不同的调配原理，多用于绘画颜料调和、彩色印刷等。此外，要注意的是色光三原色混加调和出白色，颜料三原色混加调和出的则是黑色。

图 4.2　色相环、色光、颜料的色彩

建议搜索色光的三原色相关知识。也可扫描二维码观看、学习。

色光　　　水彩混色调色　　水彩三原色就可以画一张简单的晚霞

（1）腾讯视频 https://v.qq.com/x/page/m06241k1wkh.html。
（2）水彩过程用三原色画一张简单的晚霞 https://www.bilibili.com/video/av49708763/。
（3）水彩混色调色 https://www.bilibili.com/video/av56067152/。

（二）间色

间色如图 4.3 所示。

图 4.3　间色

间色是指用任意两种原色调和成的颜色，又称二次色，即"红色＋黄色＝橙色、黄色＋蓝色＝绿色、蓝色＋红色＝紫色"，如图4.3所示。橙色、绿色、紫色为三间色，在伊顿色相环中三间色在三原色的外围形成一个六边形。

（三）复色

复色是由三种原色或两种以上的间色按不同比例混合而成的颜色，又称三次色，复色与三原色和三间色共同形成一个12色相环，如图4.4所示。

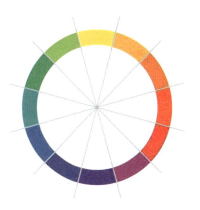

图 4.4　12色相环

（四）邻近色

每种颜色都拥有其相邻的颜色，通过在色相环中的位置发布，可以清楚地看出颜色之间的相互关系。

色相环中，凡在90°范围之内的颜色都为邻近色关系。邻近色在视觉上比较接近，色调和谐统一，搭配在一起能产生舒适、赏心悦目的感觉，是一种非常自然的配色方案。在图4.5中，凡·高的作品《向日葵》以橙色与黄色为主，这两种颜色在色相环中的区域分布较集中，处在相近的位置，色彩上和谐统一，画面充满了律动及生命力，传递出一种温暖感，使色彩与情感得到融合。幼儿美术课邻近色可以练习临摹花卉、橘子、气球，通过训练快乐轻松地掌握邻近色。

图 4.5　凡·高的作品《向日葵》

（五）对比色

在色相环上相距120°~180°的两种颜色，称为对比色。其中在色相环中，处于180°位置的两色互为补色，也是最强的对比色。在图4.6中，凡·高的作品《星空》主色调的蓝色和黄色产生了强烈的视觉对比。色相环中，蓝色与黄色的位置分布属于对比色，相对于邻近色更容易使人兴奋，这样的星空在深蓝色的背景上也显得格外跳跃、醒目，甚至会有明亮、闪烁的感觉。图4.7所示为毕加索人物装饰画配色也是最强的对比色。大块的黑色、白色又可以对色彩进行平衡，在穿搭方面运用也是非常保险的搭配。

图 4.6　凡·高的作品《星空》

图 4.7　毕加索的人物装饰画

三、色彩的三要素

（一）色相

色相是指色彩的相貌，是区别各种不同颜色的最准确标准。称呼某一种颜色就会有一个特定的色彩印象，例如，大红色、土黄色、柠檬黄、湖蓝色等。

色彩大致可分为三大类，即彩色系、无彩色系和金属色系。彩色系包括赤、橙、黄、绿、青、蓝、紫等；无彩色系包括黑、白、灰等；金属色系包括金、银等。

（二）明度

明度是指色彩的明暗、深浅程度。

同种色相之间存在深浅的明度变化，例如，柠檬黄和土黄，柠檬黄明度较高，土黄则明度较低。

不同色相之间也存在明度差别，明度最高为白色，最低是黑色。红、橙、黄、绿、蓝、紫6个标准色之中，黄色明度最高，紫色明度最低。

在图4.8中，加入适当的白色，任何色彩都可提高明度，反之，加入黑色或其对比色则可降低色彩的明度。

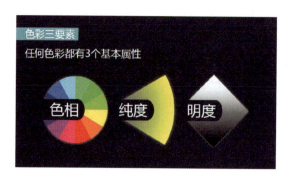

图 4.8　色彩的三要素

（三）纯度

纯度又称为饱和度，是指色彩的单一程度，即俗称的色彩鲜艳程度或者纯净饱和的程度，也可称为彩度。可见光谱中的各种单色光为极限纯度，是最纯的颜色。纯色一旦混合其他不同的颜色，都会使其纯度降低。色彩的纯度决定颜色鲜艳或浑浊程度，纯度越高，颜色越鲜艳，越多颜色相互混合，颜色的纯度就越低。纯度的变化如图4.9所示。

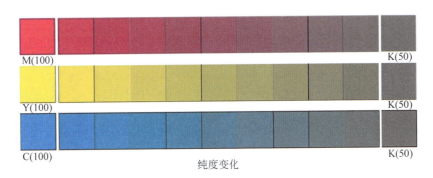

图4.9　色彩鲜艳程度变化

四、色彩的心理感觉

色彩的心理感觉是一般美感中最大众化的形式。

色彩本没有灵魂，但由于人们长期生活在色彩斑斓的世界中，视觉经验越来越丰富，一旦视觉经验与外来色彩刺激发生呼应，就会在心理上引出某种情绪，这种情绪对心理产生了很大的影响。因此，许多艺术家借颜色来表达他们的思想，有的"格外简单"，有的"格外丰富"。

（一）色彩的冷暖感

温度感即色彩的冷暖感觉，是人们长期与自然界的客观事物接触后产生的心理认识。这种认识会让人们对色彩产生一定联想，看到红橙色就会想到太阳、火焰等热烈的事物，产生心理上的温暖感。在彩色系中暖色调常给人以温暖、暖和的感觉，而冷色调则给人以凉爽、寒冷之意。色彩的冷暖感还会因其明度的不同而产生不同的感觉，色彩的冷暖也常受配色的影响，如小面积的绿色搭配大面积的暖色，则整体感还是暖色调。小面积的绿色搭配大面积的冷色，则整体感依然是冷色调，如图4.10和图4.11所示。

图4.10　暖色调

图4.11　冷色调

（二）色彩的胀缩、进退感

色彩的胀缩、进退感其实是一种视觉错觉。当两种同形、同面积的不同色彩在相同色系的背景衬托下，人们对色物的感觉是不同的。例如，同等面积的圆，白色会比黑色看起来更大，由此可见，明度高给人以前进、膨胀的感觉，明度低的有后退、收缩感。如红与蓝，人们感到红色大，蓝色小，其结果显示暖色给人前进、膨胀感，冷色给人后退、收缩感。如图4.12和图4.13所示，从纯度上看，

高纯度给人膨胀、前进的感觉，低纯度给人收缩、后退的感觉。同样大家第一眼看到图4.13，是否觉得黄色长条相比于蓝色长条在面积上更大，空间纵深感上更靠前呢？其实这是由于色彩带来的视觉错觉。

图4.12　视觉错觉1

图4.13　视觉错觉2

（三）色彩的轻重感

色彩本身没有重量，但它会使人产生心理重量，有些颜色的物体看起来感觉轻，有的则看起来感觉重。一般来说，色彩的明度越高，感觉越轻，明度越低，感觉就越重。暖色系的色彩感觉较轻，冷色系的色彩感觉较重，但造成轻重感的最大因素还是明度高低的影响最大。如同等重量的黑色、白色、灰色三个箱子，黑色看起来最重，灰色次之，白色箱子则看起来最轻，这是视觉经验作用于心理的结果。总体上讲，决定色彩轻重感觉的主要因素是明度。其次是纯度，同色相、同明度的条件下，纯度高的感觉轻，纯度低的感觉重。戴尔教授经过多种复杂的试验后得出结论，各种颜色在人的大脑中都代表一定的"重量"。他还将颜色按"重量"从大到小排列成如下顺序：红、蓝、绿、橙、黄、白。图4.14显示出黑、白、灰三个箱子的色彩轻重感。

图4.14　黑、白、灰三个箱子的色彩轻重感

（四）色彩的味觉感

图4.15～图4.18所示为色彩的味觉感的应用。

图4.15　色彩味觉1

图4.16　色彩味觉2

图4.17　色彩味觉3

图4.18　色彩味觉练习

色彩具有味觉感，这种味觉感由人们生活中所接触过的食物联想而来。在过去的经验中，人们吃过或接触过的食物的颜色，使人们对味觉形成了反射性的概念，故对于未曾食用过的食物，往往会先从外表色彩来判断其味道。例如，酸的味觉使人联想到未成熟的果实，因此颜色以黄、绿色系为主，如柠檬黄、黄绿色、绿色等色彩都会给人以酸感；甜的味觉会让人想到红色、橙红色的含糖量高的水果，暖色系的黄色、橙色最能表现甜的味觉。另外，明度、纯度较高的色彩如粉红色、象牙色等，现在称为马卡龙色系，具有甜味感；苦的味觉是以低明度、低纯度且带灰色的浊色为主色，如灰、赭石、咖色、黑褐等色彩，让人联想到苦咖啡或者中药；辣的味觉会让人联想如红辣椒的红色、芥末的黄绿色、生姜的黄色，故以辣椒红、黄绿色调为主。在幼儿美术教学中幼师可以引导幼儿展开联想，利用游戏引导孩子去触摸色彩、区分色彩。

第二节 水 彩 画

一、水彩画基础知识

水彩画是用水调和透明颜料作画的一种绘画方法。由于色彩透明，一层颜色覆盖另一层可以产生特殊的效果，但调和颜色过多或覆盖过多会使色彩肮脏，水干燥得快，所以水彩画不适宜制作大幅作品，适合制作风景等清新明快的小幅画作。

水彩画其实是始于欧洲的一门古老的画种。真正使水彩画发展成为独立画种并兴盛、发展，应归功于英国杰出的水彩画家们的努力。18世纪到19世纪中期，英国水彩画取得了辉煌的成就，登上艺术殿堂，在世界艺术格局中占有一席之地。

独特的晕染效果是水彩画的魅力所在，水彩颜料在与水的调和作用下会产生丰富的色彩变化和晕染效果。加上水彩颜料便于携带，非常适用于幼儿美术教学。水彩画能够最直观地表现色彩感受和愿望，其色彩的偶然性和多变性能够避免幼儿机械性地运用色彩，让幼儿在绘画过程中随性地涂抹出自己想要的色彩。

（一）水彩画的使用工具与材料

水彩画的使用工具如图4.19所示。

1. 画笔

用水彩颜料作画时需要选择吸水性良好，含水量强的笔。笔头可以是动物毛或者尼龙的，这种画笔需要准备大小不同的若干支。也可以选择一种自来水笔，与钢笔相似，拧开笔后有储水部分，可根据绘画需要挤压出水量。

2. 调色盘

调色盘必须是白色的，可以选择有浅浅格子的调色盘，也可以选择平面的调色盘，或者家里的白色瓷盘都可以作为调色盘使用。颜色摆放顺序可以按冷色依次摆放，暖色依次摆放。

3. 其他辅助工具

其他辅助工具包括洗笔的水桶或者水杯，吸取笔上多余水分的抹布、纸巾、海绵，帮助画面快干的电吹风以及保持画面湿度的喷壶等。

图 4.19　水彩画的使用工具

4. 水彩颜料

水彩使用的颜料如图 4.20 所示。水彩颜料作为众多绘画材料的一种，因其独特的魅力而深受广大职业画家和业余爱好者的青睐。水彩颜料其实就是一种以水作为媒介，调和颜料用于作画的材料。水彩颜料一般分为两种：一种是管装水彩颜料；另一种是干水彩颜料片。通常建议初学者使用干水彩颜料片，该颜料比较容易掌控，且不用调色，而且携带方便，等熟练掌握绘画技巧之后再使用管装水彩颜料。

图 4.20　水彩颜料

（二）水彩画的基本表现技法

水彩画的技法有很多，基本的技法有平涂法、叠加法、湿画法、干皴法、留白法。

1. 平涂法

平涂法就是将同一种颜色的水彩颜料在水彩纸上均匀地着色，这看起来十分简单，但是平涂也需要技巧，例如要将画板倾斜15º，使用平头水彩笔效果会比较理想。平涂法如图 4.21 所示。在运用平涂法时可以在原有基础上再次平涂，由于水彩透明度较高，在原有基础上反复画同一种颜色也会出现深浅不一的效果。这种第二次、第三次同一种颜色的叠加称为罩色，如图 4.22 所示。

图 4.21　平涂法　　　　　　　　　　　　图 4.22　罩色

2. 叠加法

叠加法是指将大片颜料画在大面积的纸上，颜料的色彩产生渐渐变浓或者渐渐变淡的效果。该法与平涂法相类似，如果想让一种颜色渐渐变浓，那么第一笔用清水作画，之后渐渐增加笔里颜料的浓度，如图 4.23 所示。如果想让一种颜色渐渐变淡，那么第一笔颜料浓度要浓，之后渐渐增加水的比例。需要注意的是，作画中，第二笔要与第一笔的底部衔接上，依次类推，如图 4.24 所示。

图 4.23　叠加法 1　　　　　　　　　　　图 4.24　叠加法 2

3. 湿画法

湿画法是指将水彩画在湿的画纸上。以湿画法绘画时速度的控制很重要，速度要比较快，否则湿的画纸就变干了，或者可以使用喷壶来保持画纸的湿度。湿画法如图 4.25 所示。

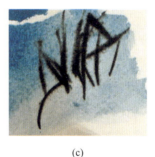

(a)　　　　　　　　　　(b)　　　　　　　　　　(c)

图 4.25　湿画法

4. 干皴法

干皴法也称枯笔法，作画时笔头水少色多，运笔容易出现飞白；用水比较饱满在粗纹纸上快画，也会产生飞白。表现闪光或柔中见刚等效果常常采用这种方法，如图 4.26 所示。

5. 留白法

留白法是指绘画时根据画面需要，空出需要的位置不上色。如果留白形状不规则，则可以选择留白液进行留白，如图4.27所示。

画水彩画时，需要注意的是作画顺序一般从大面积的浅色开始逐渐颜色加深，一定不能从深色开始画。

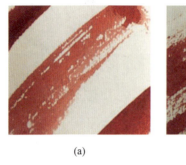
(a)

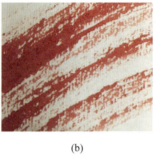
(b)

图4.26　枯笔法

图4.27　留白法

（三）水彩画的特殊表现技法

1. 撒盐法

在水彩画画面水量比较多且未干时撒盐，盐粗细不同，纸张的质地不同，则会有产生不同的效果，待画面干后再把盐粒轻轻扫掉，如图4.28所示。

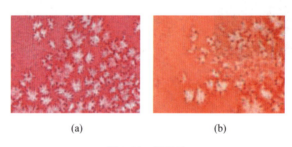

(a)　　　　　　　　(b)

图4.28　撒盐法

2. 吸管法

通过水流动的不确定性制作富有创意的图画，如利用吸管对准局部吹气得到意想不到的效果，如图4.29所示。

3. 海绵肌理法

运用海绵蜂窝状的特性，制作画面的肌理效果。如图4.30所示，蘸取适量水彩在画纸上按压。

图4.29　吸管法

图4.30　海绵肌理法

二、水彩画实操与范画

（一）水彩画实操训练

（1）欣赏水彩名家作品，分析讲解、临摹。

（2）结合网络多媒体搜索水彩绘画小视频，尝试画几幅小作品。

（3）单个水果、花卉图片的水彩训练。多次重复、默写，以达到快速成图的水平。

图 4.31~图 4.33 所示的是水彩作品，可作临摹练习参考画。

图 4.31　静物水彩画

图 4.32　人像水彩画

图 4.33　水果水彩画

（二）学生范画作品欣赏（图 4.34~ 图 4.39）

图 4.34　学生水彩范画 1

图 4.35　学生水彩范画 2

图 4.36　学生水彩范画 3

图 4.37　学生水彩范画 4

图 4.38　学生水彩范画 5

图 4.39　学生水彩范画 6

第三节 水 粉 画

一、水粉画基础知识

水粉画又称不透明水彩,既从属于水彩画的范畴,又有着明显的独立特征。由于水粉颜料中加入了粉质材料,在一定程度上增加了厚重感和色彩的丰富性,视觉效果接近油画,同时又兼有水彩画的自然灵动,如图 4.40 和图 4.41 所示。

图 4.40 水粉画作品 1

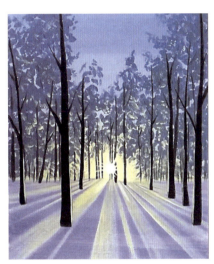

图 4.41 水粉画作品 2

水粉画是用水调和粉质颜料绘制而成的一种绘画种类。其绘画的作品色彩鲜明,水粉颜料覆盖率强,操作方便,便于修改,对初学者来说比较容易掌握。由于水粉画有较强的覆盖力,既可以画在白纸上,又可以在有颜色的纸上作画,并且具有较强的表现力,可以流畅行笔,细致刻画,是幼儿喜爱的画种之一。教师通过运用色彩鲜艳的水粉颜料进行美术创作能够提高幼儿对绘画的兴趣,让幼儿体验自由表达的快乐,激发幼儿的想象力和创造力。

水粉画的主要工具与材料包括水粉颜料、调色盒、画笔、纸张、笔洗、吸水布、画板、水桶、工具箱等。水粉画使用的工具如图 4.42 所示。

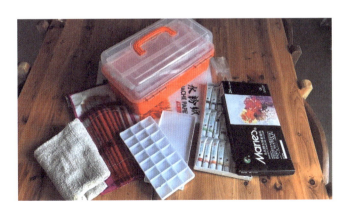

图 4.42 水粉画使用的工具

1. 水粉颜料

调色绘画颜料根据其性质，可分为水溶性颜料、油溶性颜料和固体颜料。水粉颜料是一种很实用的水溶性颜料，其本身不透明，容易被水溶解，具有较强覆盖性，颜色品种丰富，表现力强，可画在各种画纸、木板或布面上。

2. 调色盒

颜料调色盒主要贮放颜料，同时也作调色使用。调色盒里颜色的排列方法可根据色相、明度、冷暖等规律做出多种排列方法，一般顺序由浅入深，类似色相邻、冷暖色分开。

3. 画纸

水粉画用纸质地结实，吸水适中。常用的有水粉纸、铅画纸、水彩纸和卡纸等。

4. 画笔

图 4.43 和图 4.44 所示为幼儿学习水粉画的最初体验。

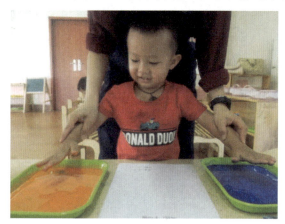

图 4.43　水粉画的最初体验 1

图 4.44　水粉画的最初体验 2

二、水粉画的基本表现技法

（一）干画法

干画法又称为厚画法，是指调色时不加水或少加水，使颜料具有较强的覆盖力，具有油画般的淳厚，适合表现轮廓清晰、质地坚实的对象，便于表现肯定而明确的形体色彩，每一笔都代表一定的形体与色彩关系。平涂法和点彩法都属于干画法中比较常用的技法，这种技法简单易懂、平面直观，幼儿很容易接受，是幼儿学习水粉画最常用的方法。

（二）湿画法

湿画法又称为薄画法，是指在调色过程中给予颜料充足的水分，颜料之间相互渗透，自然融合，使画面有中国画的晕染效果和水彩画的透明感，适合表现轮廓不清晰、形象模糊的对象和背景。湿画法灵活多变，增加了绘画过程中的游戏感，可以提高幼儿学习水粉画的兴趣。

（三）干湿结合法

干湿结合法是指干湿两种画法结合使用，一般用于表现多种不同质地的物体，也常用于区分画面的主体与背景、近景与远景、亮部与暗部。干湿结合画法会使画面层次清晰，容易表现出更理想的色彩效果。图 4.45 和图 4.46 所示的是干湿结合画法的水粉画。

图 4.45　干湿结合法 1

图 4.46　干湿结合法 2

扫描二维码学习水粉画技法。

水粉画教程：超简单的星空画　　水粉画美丽的向日葵

三、水粉画的特殊表现技法

（一）拓印

拓印是指用其他物体蘸上颜料进行压印，如用树叶、蔬果、手指、手掌等。这种技法会将物体的部分形象直接留在纸上，并且保留了物体本身的自然肌理，增加了画面质感，笔触丰富，充满趣味性。

（二）滴洒

滴洒是用画笔、木棍、刮刀等工具蘸着稀薄尚的颜料，任意自由地滴洒在画纸上，洒出流线，产生随意的泼溅效果。

（三）吹制

吹制是将颜料滴在画纸上，用嘴或者吸管将颜料吹散，产生一种生动而有变化的画面效果，是幼儿美术活动中比较常用的一种表现技法，如图 4.47 所示。

拓印　　　　　　　　滴洒

吹制

图 4.47　拓印、滴洒、吹制画

（四）喷刷

喷刷是指借助牙刷、头梳、喷壶等工具，蘸上颜料，进行喷刷，表现雨、雪、沙石等效果，增加画面的肌理感。

（五）油水分离法

油水分离法是指用油画棒勾画出物体的轮廓，再将水粉覆盖在画面主要物体或背景上，油性颜料与水性颜料会自然分离，丰富画面层次。

图 4.48 所示的是喷刷和油水分离法绘制的画。

(a) 喷刷　　　　　　　　(b) 油水分离法

图 4.48　喷刷和油水分离法

四、水粉画实操与范画

（一）水粉画实操训练

（1）欣赏水粉名家作品，分析讲解、临摹，如图 4.49 和图 4.50 所示。

图 4.49　郭振山水粉作品《静物》

图 4.50　王新荣水粉作品

（2）结合网络多媒体搜索水粉绘画小视频，尝试画几幅小作品。

儿童水粉画如图 4.51 所示。

图 4.51　水粉绘画小作品

（3）单个水果、花卉图片的水粉训练。多次重复、默写，以达到快速成图的水平，如图 4.52~图 4.54 所示。

图 4.52　水粉训练

图 4.53　水粉训练范画 1

图 4.54　水粉训练范画 2

（二）学生范画作品欣赏（图 4.55~图 4.58）

图 4.55　学生范画作品 1

图 4.56　学生范画作品 2

图 4.57　学生范画作品 3

图 4.58　学生范画作品 4

第四节 油 画 棒

一、油画棒基础知识

油画棒具有色彩鲜艳、涂色面积大、油性足、纸面附着力强等优点，并且不需要用任何媒介调和，非常适合学龄前儿童和低年级儿童使用。当幼儿有绘画冲动时，可以立刻拿起油画棒进行创作，让幼儿大胆地使用色彩，用幼儿纯真的感受去表达他们所认识的客观世界，在涂色的过程中认识和区分不同的颜色，锻炼手脑协调能力，培养思维能力和创造力，为幼儿学习其他绘画起到过渡作用，如图 4.59 所示。

图 4.59 油画棒画作

（一）油画棒画的使用工具与材料

1. 油画棒

油画棒是一种油性彩色绘画工具，外表为圆柱形或棱柱形，由颜料、油、蜡的特殊混合物制作而成。油画棒手感细腻、爽滑，画出的线条粗而有力，色彩鲜艳，覆盖力强、延展性好，有一定的黏性和厚度，能表现出丰富的色彩变化。

2. 纸张

油画棒画对纸张的要求没有那么严格，表面不要太光滑即可。速写纸、彩色纸、水彩纸或水粉纸都是可以的。

3. 其他辅助工具与材料

水彩颜料、美工刀、牙签、面巾纸、彩铅笔、水彩笔等都可以在油画棒铺色的基础上进行细节刻画。这些辅助工具与材料使用的方法不同，呈现出的视觉效果也将不同，将这些工具与材料灵活运用，就会创作出更多丰富美好的作品。

油画棒画的练习如图 4.60 和图 4.61 所示。

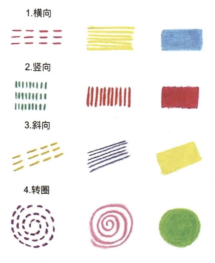

图 4.60　油画棒表现效果

图 4.61　油画棒作品

（二）油画棒画的基本技法

油画棒画的基本技法有平涂法、叠加法、色彩渐变法、晕色法、刮画法等。

1. 平涂法

平涂法是油画棒技法中最基本的涂色方法，依据物体的形状和走向进行铺设，用竖涂、横涂等方法将颜色均匀地涂在纸上。涂色时要注意排笔有序，用力均匀，适合大面积涂色，如图 4.62 和图 4.63 所示。

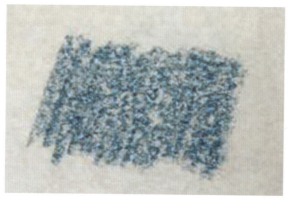

图 4.62　平涂法 1

图 4.63　平涂法 2

2. 叠加法

叠加法如图 4.64 和图 4.65 所示。

图 4.64 叠加法 1

图 4.65 叠加法 2

3. 色彩渐变法

色彩渐变法即选择两种以上颜色进行过渡涂色，产生渐变效果，用来表现丰富的层次变化，可使画面中的物体产生立体感和空间感。如花瓣、云朵、树干等都能用渐变法来表现，如图 4.66 和图 4.67 所示。

图 4.66 色彩渐变法 1

图 4.67 色彩渐变法 2

4. 晕色法

晕色法与中国画的晕染有异曲同工之处，上色之后用手指、纸巾或棉签等辅助工具对颜色进行揉擦，让色彩更加柔和，产生温润朦胧的画面感，如图 4.68 和图 4.69 所示。

图 4.68 晕色法 1

图 4.69 晕色法 2

5. 刮画法

刮画法即用牙签、竹筷、小刀等工具代替画笔，在涂好的颜色上刮刻出需要的线条或图形，可细节表现生动，画面产生独特的肌理，如图 4.70 和图 4.71 所示。

图 4.70 刮画法

图 4.71 使用多种技法的油画棒作品

二、油画棒实操与范画

1. 油画棒实操训练

（1）欣赏油画棒作品，分析讲解、练习基础技法、临摹，如图 4.72 和图 4.73 所示。

图 4.72 油画棒实操训练　　　　　　图 4.73 油画棒临摹

（2）网络多媒体搜索油画棒绘画小视频，尝试画几幅小作品。

油画棒小练习，如图4.74所示。

图4.74 油画棒小练习

（3）先选择图4.75所示的单个物体图片进行油画棒训练。再进行重复、默写，达到快速成图的水平。

图4.75 油画棒训练范画

2. 学生油画棒范画作品欣赏（图4.76~图4.82）

图4.76 学生油画棒范画1　　　图4.77 学生油画棒范画2　　　图4.78 学生油画棒范画3

图 4.79 学生油画棒范画 4

图 4.80 学生油画棒范画 5

图 4.81 学生油画棒范画 6

图 4.82 学生油画棒范画 7

第五节　彩色铅笔画

一、彩色铅笔画基础知识

彩色铅笔画简称彩铅画，是介于素描和色彩之间的绘画形式，与素描最大的区别在于色彩的运用。彩色铅笔是一种容易掌握的涂色工具，其颜色细腻繁多，画出来的效果类似于铅笔，是幼儿绘画的基础材料选择。彩色铅笔分为蜡质彩铅和水溶彩铅，蜡质彩铅多为蜡基质，色彩丰富，适合表现特殊效果；水溶彩铅多为碳基质，具有水溶性，容易形成色斑，能表现出类似水彩的效果，如图 4.83 和图 4.84 所示。

图 4.83　蜡质彩铅

图 4.84　水溶彩铅

（一）蜡质彩铅画的基本技法

彩铅具有透明性质，两个不同的颜色混在一起，可以选出厚实丰富的颜色。叠色时一般按照先浅后深的顺序，有时根据画面需要，也可变换叠色顺序，产生不同的色彩效果。蜡质彩铅画的基本技法比较简单，有平涂法和排线法两种。

1. 平涂法

平涂法主要有两种：一种是将彩铅笔头与画纸形成较大的角度，用笔尖的侧锋轻盈均匀地涂在需要上色的区域，这种方法画出来的画面比较细腻，可达到色彩一致；另一种是用小刀将彩铅笔芯削成粉末在纸上，再用纸巾擦揉均匀，形成独特的晕染效果，如图 4.85 和图 4.86 所示。

图 4.85　平涂法

图 4.86　晕染

2. 排线法

彩色铅笔笔触纤巧细腻，不同形式的排线组合叠加出不同的风格效果，如图 4.87 所示。

图 4.87　排线法

（1）同向线

排线时用力均匀，笔触方向一致，排列有序，用整齐的线条刻画形体，与素描技法相似。

（2）交叉线

线条排列时根据不同角度层层叠加，使颜色逐渐加深，色彩不断叠加，线条长短不同，疏密程度不同，交叉角度不同，都会产生不同的装饰效果。

（3）十字线

十字线是用两笔画一个十字，类似于十字绣的针法，将小十字布满装饰面，可根据十字的多少和用笔的轻重表现物体明暗关系，具有极强的装饰性。

（4）圆圈线

圆圈线是在需要着色的区域不断画圈，层层叠加，根据光线变化，暗部用笔重，亮部用笔轻，最终形成浑厚的着色效果。

（5）凡·高线

凡·高线源自凡·高一些绘画作品的用笔技法，主要以形体为中心，呈放射状层层展开，具有梦幻般的视觉效果。

（二）水溶彩铅画的基本技法

水溶彩色铅笔的画法与蜡质彩色铅笔的画法类似。其不同点在于画面上可用水将颜色溶解，画出水彩的效果，其特点是可以表达出不同质感的对象。在蜡质彩铅基本技法应用的基础上，水溶彩铅还具有一些独有的使用技法。

作画时要充分体现出水溶性彩铅的特色，有三个办法。

（1）彩铅绘画完成后，用含水的毛笔将画面晕染出水彩画的效果。

（2）彩铅画完成后，使用喷雾器喷水，使颜色整体溶解。

（3）将画纸先涂一层水，然后在上面用彩色铅笔作画，产生独特的肌理特效，如图4.88所示。

办法一

办法二

办法三

图4.88　用水将颜色溶解

二、彩色铅笔画实操与范画

1. 彩铅绘画实操训练

（1）欣赏彩铅绘画作品，分析讲解。

（2）网络多媒体搜索彩铅绘画绘画小视频，尝试画几幅小作品。

（3）简笔画彩铅绘画图片的临摹训练。在进行重复、默写，达到快速成图的水平。

2. 彩铅绘画范画作品欣赏（图 4.89～图 4.92）

图 4.89　彩铅作品 1

图 4.90　彩铅作品 2

图 4.91　彩铅作品 3

图 4.92　彩铅作品 4

第六节　水 彩 笔 画

一、水彩笔画基础知识与绘画技巧

水彩笔一般分为 12 色、24 色、36 色，色彩数量越多，颜色变化越丰富。水彩笔是由外壳、笔芯、笔尖三部分组成，水彩笔笔头有的稍粗一些，有的稍细一些，可根据画面的需要进行选择。当色水用完后，笔芯可以灌装色水多次使用，如图 4.93 所示。

水彩笔是水性色彩，渗透性很好，颜色比较饱和、色彩艳丽，但遮盖性比较差，颜色不宜重叠，所以需要选择渗透性比较好的纸张进行绘画。水彩笔还有一种特性就是两种颜色在一起不好调和，过渡不自然，所以一般适合画儿童画。

水彩笔的作画技法如图 4.94 和图 4.95 所示。

图 4.93　水彩笔

图 4.94 水彩笔画作品 1

图 4.95 水彩笔画作品 2

水彩笔的作画技法是多样的,根据不同的画面内容,作画者可以选择不同的作画技法。总的来说,有 4 种技法:平涂法、渐变法、勾线法、点画法。

(一)平涂法

平涂法是指用水彩笔按照一定的顺序,尽量保持线条平行进行涂色。用笔尽量保持流畅,否则出现深色点状影响画面效果,平涂一般用于背景或者局部涂色,如图 4.96 所示。

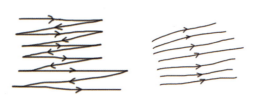 

图 4.96 平涂法

(二)渐变法

渐变法是指颜色逐渐过渡发生变化,由于水彩笔两种颜色在一起不好调和,过渡不自然,所以一般渐变法选择同一色系的,深浅不同的两种或者 3 种颜色。一般用来表现颜色比较丰富的事物,如图 4.97 所示。

图 4.97 渐变法

（三）勾线法

勾线法是指在水彩笔绘画过程中运用勾线的方式，使画面轮廓清晰、内容明确。勾线需要注意的是线条要明确、流畅，如图 4.98 所示。

（四）点画法

点画法是指用点点的方式进行作画，一般用于画面的局部，侧重于点的疏密变化以及颜色的丰富变化，如图 4.98 所示。一般用来表现局部增加画面比较丰富的效果。

图 4.98　勾线法和点画法

二、水彩笔画实操与范画

1. 水彩笔画实操训练

（1）欣赏水彩笔画作品，分析讲解、临摹。

（2）网络多媒体搜索水彩笔画绘画小视频，尝试画几幅小作品。

（3）简笔画、线描画图片的水彩笔画训练。在进行重复、默写，达到快速成图，并进行水彩着色。

2. 学生水彩笔画范画作品欣赏（图 4.99～图 4.106）

图 4.99　学生水彩笔画 1

图 4.100　学生水彩笔画 2

图 4.101 学生水彩笔画 3

图 4.102 学生水彩笔画 4

图 4.103 学生水彩笔画 5

图 4.104 学生水彩笔画 6

图 4.105 学生水彩笔画 7

图 4.106 学生水彩笔画 8

扫描二维码观看水彩画作业和优秀作品。

节气的命题作业　　幼师学生作业　　学生油画棒、水彩、水粉、水彩笔、彩铅笔的练习作业

第五章 版画

教学目的

（1）了解版画的概念及其历史发展概要。

（2）掌握黑白木刻版画使用的一般工具及其绘制方法。

（3）掌握吹塑版画、纸版画的工艺特性及绘制方法。

（4）发现更多独特的版画印制效果，学会运用不同版画制作形式独立创作富有童趣的版画作品。

教学重点

（1）了解版画的基础知识。

（2）认识不同性质的材料及工具素材，并掌握其基本刻板、拓印方法与效果技法。

（3）掌握多种版画的方法与技法，并能够独立创作绘画作品。

教学难点

（1）黑白吹塑版画。

（2）多色吹塑版画；纸版画。

第一节　版　画　概　述

一、版画的概念

版画属于视觉艺术，其作品的形式可以是独幅成品，也可以是相同的多幅产品。与其他绘画种类相比，版画更具有工艺性，在制作过程中分为制版和印刷两种程序，所以也被称为一种间接艺术。广义的版画可以包括在印刷工业化以前所印制的图形普遍具有版画性质。当代版画的概念主要指由艺术家构思创作并且通过制版和印刷程序而产生的艺术作品。版画是一个综合性的艺术体，它不仅融合了绘画、设计、手工制作、民间剪纸等美术科目，还涉及化学、物理、印刷等各学科领域。

二、版画的发展历史

现存我国最早的版画是唐朝《金刚般若波罗蜜经》中的扉页《祇树给孤独园》，根据题记作于公元 868 年。该版画也是世界上最早的印刷技术——雕版印刷，如图 5.1 所示。

图 5.1　唐朝版画

宋代，雕版印刷技术蓬勃发展。这时期的雕版集中地区在北宋时期的首都汴梁（开封）、浙江的杭州、福建的建阳及四川的眉州等地。明代，版画的雕版印刷已经是我国版画的高峰时期，其直接的原因是雕版手工业的兴起。在劳动人民的共同努力下，版刻出现了非常多的流派，并创作出大量优秀作品，版刻创作呈现出欣欣向荣的局面。当时最著名的是十竹斋水印木刻，如图 5.2 和图 5.3 所示。

图 5.2　十竹斋水印木刻 1

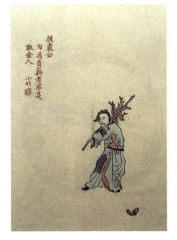
图 5.3　十竹斋水印木刻 2

清朝时期,传统的版画商业复制已经非常成熟,特别是木版年画的盛行,如江苏苏州的"桃花坞"年画,天津的"杨柳青"年画等。这时期的木版年画非常受百姓的欢迎,一度非常流行。到清末时期,由于西方石版画、铜版画技术的渗入,传统的手工雕版印刷被机器印刷所取代,从而淡出市场。从此中国的手工制作商业版画告一段落,如图 5.4 和图 5.5 所示。

图 5.4　版画作品 1

图 5.5　版画作品 2

1931 年,我国版画创作进入新时期,它起源于鲁迅倡导发起的新兴木刻运动。新兴的版画创作与古代商业复制性版画不仅在制作方式上有很大差别,而且在其艺术表现形式、功能与现实意义上也有本质性的区别。鲁迅倡导的木刻版画形式。新兴版画从它诞生那天起,便和中华民族的解放事业紧密相关,与广大人民群众的命运血肉相连,它是中国革命文艺的一个重要组成部分,是 20 世纪 30 年代左翼美术的主力军。这一时期的版画家是以艺术家和革命战士的双重身份出现在历史舞台上,毫不含糊地以艺术作为战斗的武器,思想教育战线上发挥了巨人的作用,如图 5.6~图 5.8 所示。

图 5.6　鲁迅倡导的木刻版画形式

图 5.7　吴凡《蒲公英》水印木刻 40cm×30cm,1958 年

图 5.8 郑爽的作品《后院》，蕴藏着童年的记忆

中华人民共和国成立以后，中国的版画艺术得到了空前的发展。特别是 1978 年党的十一届三中全会以后，在党和国家"二为方向"和"双百方针"的指导下，版画艺术创作进入一个最佳的时期。如今全国版画年届大展、国际版画交流展等层出不穷。而中国版画协会的成立，也为中国版画事业的发展提供了良好的平台和前景。

三、版画的种类

版画所使用的工具如图 5.9 所示。

图 5.9 木刻版画所使用的工具

版画主要分为凸版、凹版、平版、漏版、综合版 5 种。

凸版，即在平的版面上进行刻制与腐蚀，铲除其不需要的部分，保留其突起来的部分，然后在版面上进行印刷，所产生的作品称为凸版画，最典型的代表是木刻。

凹版，在平整的版面上用钢刀和刻刀雕刻出所需要的部分，形成深浅不同的凹槽作为画面，而后将油墨等颜料添入凹槽之中，再将湿润的印纸压印凹槽之中，形成深浅不同的画面效果。金属板有铜板、铝板、锌板等。凹版画最典型的代表是铜版画。

平版是指在平整的版面上用特制的油料进行绘制，利用油水不相容的特性，在表面上滚油墨，然后把湿润的纸张覆盖于平整的版面上，通过印压而形成清晰可见的画面。平版画一般是指石版画。

漏版画的制作原理是，在其特制的网筛上，用封网胶遮挡住不需要的画面，留住需要的画面，再把印纸放于网筛下方，然后用一定的压力，把颜色透过网孔，漏印到印纸上。这种版画一般是指丝网版画。

综合版画是利用凸、凹、平、漏等各版式，用其中两种或采用两种以上结合套印的产物。综合版往往是以一种版式作为主版，其他为辅助作用，有的局部只利用一些特殊肌理效果。

第二节　单色吹塑纸版画

一、吹塑版画的概念与特点

1. 吹塑版画的概念

吹塑板画是在纸版画的基础上发展起来的。由于用水粉颜料印制效果较好，因此也被称为粉印吹塑版画。吹塑版画主要以吹塑纸为载体，在其上面进行划刻、揉搓、粘贴、腐蚀等为表现语言进行制版创作，并印制而成的版画。

1984年之后吹塑版画突破了传统的制约，因其能够产生丰富的肌理效果和强烈的艺术表现力而成为更加普及、更易走向群众的一个画种。在幼儿美术教育之中由于吹塑版画制作过程简易快捷、表现的肌理效果丰富，深受幼儿的喜爱。

2. 吹塑版画的艺术特点

（1）多样性

吹塑版画具有独特的表现形式，其造型语言和审美情趣经过多种手段加工制作而成，其印刷的版面同样也适合油印、水印、粉印、单色印、色彩印、套印、自由印等各种印法。吹塑版画突破了传统的制约，因其能够产生丰富的肌理效果和强烈的艺术表现力，而成为更加普及、更易走向群众的一个画种。

（2）简易性

吹塑版画的制作特点是阴刻点线造型和具有独特、丰富的肌理效果，非常适合初学者进行制作。在制作过程中不需要用刀刻，而是以笔代刀。在吹塑纸上进行写刻、压刻等制作过程简易方便而快捷。所以在各种各样的版画之中，吹塑版画是最为省力，容易制作的一种版画。

二、单色吹塑纸版画的制作工具与材料

这里要顺便讲讲黑白木刻版画，黑白木刻版画是以刀和化学药品等在木板上进行雕刻和腐蚀，而表现出所要的画面，然后以印刷的形式表现出来的绘画种类。在古代，黑白木刻版画是雕版印刷的一种表现形式，而中国的四大发明之中的印刷术所印制出来的图像，便是最初的木刻版画形式。这里我们更推荐使用吹塑纸来替代木刻版画的材料，因为它更适合幼儿使用。

1. 黑白木刻版画的艺术特点

（1）尽可能利用对象的本色，显出木味。

（2）巧妙利用"留黑"手法，对刻画的形体作特殊处理，获得版画特有的艺术效果。

（3）发挥刻板水印的特性，让大块阳刻产生强烈的艺术效果。

（4）通过巧妙构图，以丰满密集和萧疏简淡等不同风格来衬托表现主题。

2. 制作工具与材料

①画纸：素描纸、宣纸、高丽纸等。②颜料：油墨、水粉颜料。③工具：木刻板（吹塑纸）、铅笔、版画刀（吹塑纸使用牙签来画线）、油滚（或海绵）、铁小勺（按压）、水粉笔、双面胶、胶带、树叶或其他工具等。

黑白木刻版画的步骤如图 5.10 所示。

图 5.10　黑白木刻版画步骤

三、单色吹塑纸版画的制作

（一）吹塑版画的制作工具与材料

画纸：吹塑纸、素描纸、水粉纸、高丽纸等。

颜料：水粉颜料。

工具：水粉笔、铅笔、双面胶、胶带、树叶或其他工具等，如图 5.11 所示。

图 5.11　吹塑版画工具材料

（二）吹塑纸版画步骤

（1）创作稿子。学生根据自己创作的意图或根据老师的作业内容的要求，用红描画的形式用铅笔起草稿。在画稿时，教师结合范例，讲述构图和构成画面线条的疏密关系：画面中哪些地方线条最疏，哪些地方的线条最密，哪些地方的纸条既不疏又不密，并注意相互间的大小、长短、曲直的艺术变化。

（2）过稿。先将刻版用的吹塑纸用干布轻轻摩擦处理，使它表面没有光泽便于上色，再用泡沫水彩笔直接画在吹塑纸上，画得不好的地方，可以用湿毛巾轻轻擦去再画。画的时间应从吹塑纸的上方画起，要避免手掌把泡沫水彩笔的线条弄模糊。

（3）制版。用无色圆珠笔沿稿子的笔迹用力刻画，要有一定的深度，刻出画稿的外轮廓，刻画时要注意用力的轻重，不要画穿吹塑纸为宜，由于吹塑纸质地较松软，无色圆珠笔刻划后成凹痕，线条密的地方，用力凹下去形成凹块，纸条稀疏的地方就形成灰色（这里建议使用比较厚的、韧性强的吹塑纸，有些同学买到薄的吹塑纸很容易碎裂，不适合刻画）。

（4）印刷。先将水粉广告颜料放在平板上，用橡胶滚来回滚动，使橡胶滚均匀受色（注意颜料中不能加水太多），然后往刻好了的吹塑版上滚上颜色（根据画面需要，可随意调配各种颜色），使吹塑纸版画上均匀受色（在往吹塑版上滚动时要特别注意，要朝着一个方向慢慢先从下向上，然后从右向左方滚十字形，千万不要来回滚，更不宜用力过猛）。最后用图画纸或宣纸覆盖在吹塑纸上，用手掌或干布团稍用力压印，当感觉印的差不多时，便可揭起一角看看，是否印好了，如印得不实，可在缺少颜色的地方再滚点颜色，如印好的压力不够，可把纸版平放继续磨压印，直到满意为止。

吹塑纸版画的表现方法技巧：吹塑纸版画是在软版上面进行形象刻画，凹凸处理，并制造出肌理，然后用各种颜料和彩纸印制成的画。它的表现手法多样，材料简单，易于操作，具有广阔的艺术空间。它同时具有儿童画的特征和版画的特性。学生可以像在纸上画画一样直接进行即兴表现，能便捷地表现出版画的效果。学生只需用一支铅笔即可完成版画的底版制作。如用铅笔画、扎、刺，反过来戳、压等。底版制作完后，要用油墨拓印时，学生可以根据作品内容对色彩的需要，自行调和油墨（颜料），将滚筒在吹塑板上滚动，再使用版画机滚动加压，使油墨（颜料）自然融合在一起，从而创造出一种奇妙的版画效果，儿童绘画中的色彩运用是儿童的本能表现，是感情的自我满足。图5.12~图5.14所示的是吹塑纸版画作品。

图5.12 树叶肌理

图5.13 吹塑纸版画作品1

图5.14 吹塑纸版画作品2

四、单色吹塑纸版画的范画

单色吹塑纸版画的范画如图 5.15 所示。

图 5.15 吹塑纸版画

第三节 多色吹塑纸版画

一、多色吹塑纸版画的制作工具与材料

吹塑纸版、铅笔、圆珠笔、手工刀、印画用纸、毛笔、油画笔大小数支、乳白胶、水粉色、调色盒、夹子、240 号水砂纸、棉布一块、毛巾、小水桶一个。多色吹塑纸版画的制作工具如图 5.16 所示。

图 5.16 多色吹塑纸版画的制作工具

二、多色吹塑纸版画的制作

在刻好的版上进行多色印制:印制时要固定好刻板、画纸的位置,逐次印制时需待上次的颜料

干再印，如图 5.17 所示。

图 5.17　纸版画印制

（1）先印制浅色，待干后再印制下一个色。

（2）以此类推逐渐印制深色直至完成。

　　图 5.18 所示的版画制作过程，工具材料简单，制作方法简便，适合儿童的年龄和心理特点，几种特殊效果的表现方法也极大地满足了儿童的好奇心和求知欲。独特的作品效果增强了儿童版画的艺术感染力，使儿童对版画产生持久的兴趣。

图 5.18　纸版画制作

　　同一版的不同制作效果练习（单色、套色），如图 5.19~图 5.21 所示。

图 5.19　纸版画效果 1

图 5.20　纸版画效果 2

图 5.21　纸版画效果 3

三、多色吹塑纸版画的范画

多色吹塑纸版画的范画如图 5.22~图 5.29 所示。

图 5.22　范画 1

图 5.23　范画 2

图 5.24　范画 3

图 5.25　范画 4

图 5.26　范画 5

图 5.27　范画 6

图 5.28 范画 7

图 5.29 范画 8

第四节 套色版画

吹塑板套色版画课堂案例《螃蟹》（适合幼儿园大班美术活动）。

主要知识点：白色与彩色对比。

你去过海边吗？那里有美丽的风景。在海滩散步，你也许会遇到这样一位朋友，它扁圆的身体，全身青绿，背上有一个大大的壳，眼睛像米粒一样大，嘴巴一张一闭；最引人注目的部位要属它的腿了，八条腿均匀分布在身体两侧，走起路来与众不同，满地乱爬，神气十足，活像个横冲直撞的醉汉。猜到它是谁了么？对，它就是今天我们要学习的螃蟹。如图 5.30~图 5.32 所示，观察螃蟹的特征：

图 5.30 《螃蟹》观察 1

螃蟹的种类很多，但它们有共同的特征：凸起的眼睛，椭圆形的壳，八条腿加一对大钳子。然后从其他角度：形体、颜色、生活环境、观察螃蟹（最好有实体，如果没有可以提供照片、播放动物视频等方式）。当画面主角螃蟹位置确认好，就可以开始考虑环境配角：水、沙、石头、贝壳、水草、小鱼等。

图 5.31 《螃蟹》观察 2

图 5.32 《螃蟹》观察 3

作品要求：主体物的数量为2~3只。背景的颜色不可与主体物重叠。适量背景添加，背景不能太空。吹塑板版画套色印《螃蟹》如图5.33所示。

图5.33　吹塑板版画套色印《螃蟹》

一、套色吹塑纸版画的制作工具与材料

材料：吹塑板、卡纸、水粉颜料、水粉笔、调色盘、铅笔、水桶、围裙、鱼尾夹、洗衣粉。

目的：了解螃蟹的生活环境和生活习性，掌握螃蟹的动作特点。学会用渐变色处理背景的形式印制版画。初步学习粉印套色版画。图5.34所示的是吹塑纸版画套色印《螃蟹》之一。

重点：

（1）掌握螃蟹的动态特征，了解螃蟹的相关知识。

（2）注意画面中单色于渐变色的对比及涂色技巧，提升画面的视觉美感。

（3）进一步掌握吹塑板版画的刻板技法。

图5.34　吹塑板版画套色印《螃蟹》之一

二、套色吹塑纸版画的制作

步骤：

（1）起形。在吹塑板上用记号笔起形，抓住螃蟹的特征进行创作。

（2）刻板。用铅笔把螃蟹、背景添加的事物刻画出来。

（3）印版。用单色平涂法印螃蟹（也可以印多色的螃蟹），背景采用渐变色来表现，或者是采用主体的对比色来表现画面。

吹塑纸版画套色印《螃蟹》之二作品如图 5.35 所示。

注意事项：调和颜料时要添加洗衣粉，颜料要厚重、饱满。

图 5.35　吹塑纸版画套色印《螃蟹》之二

三、套色吹塑纸版画的范画

图 5.36 所示是套色吹塑纸版画《荷塘》，图 5.37 所示是套色吹塑纸版画《玉米》。

总结与延伸：在吹塑板版画里面，采用单色与渐变色对比的表现方法，是常见的一种表现形式。通过学习版画印制方法，可以用这种形式来刻画其他的海洋生物，如水母、海豚、鲨鱼、虾等。大家一起尝试一下吧！

图 5.36　套色吹塑纸版画《荷塘》

图 5.37　套色吹塑纸版画《玉米》

第五节　纸　版　画

一、纸版画的概述

1. 纸版画的概念

纸版画又称纸版粘贴版画，是用吹塑纸、纸壳为印版，通过粘贴、划刻等塑造物体形象，而后涂以颜色印制到印版上的一种绘画形式。纸版画主要以漫画、山水、人物为主，其优点在于节约材料，经济环保，不需要专业画纸、专业工具，寥寥几笔尽显艺术才华。纸版画适合年龄较大的小朋友（7~10岁）操作。

2. 纸版画的艺术特点

（1）简易性

纸版画是以不同的纸版，经过剪、刻、揉、压等方法制成底板而后印出来的画。其取材方便，制作简单，效果独特，是一种最低廉，容易掌握的版画种类。

（2）复数性

纸版画就是一张纸作为版面，材料易得，损坏后换材方便，而且具有复数性。一幅制作好的纸版画底板可以根据自身需求印出多张画。

（3）间接性

纸版画不是直接画出来的，其不同于国画、油画等绘画形式可以直抒胸臆。它是在纸版上把所需要表现的物体形象进行刻制，并通过颜料印制到画纸上而产生出来的画面。

二、纸版画的制作工具与材料

画纸：吹塑纸、厚纸壳、卡纸、素描纸、水粉纸。

颜料：水粉颜料或油墨。

工具：水粉笔、铅笔、双面胶、胶带、胶水、刻刀、剪刀、滚压轮子等，如图 5.38 所示。

图 5.38　纸版画的制作工具

三、纸版画的制作步骤

纸版画的制作步骤如图 5.39 所示。①设计打稿；②描绘到卡纸上；③剪裁；④粘贴；⑤油墨拓印。

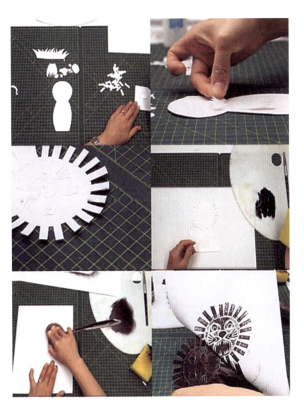

图 5.39　纸版画的制作步骤图

四、纸版画的范画

图 5.40~图 5.48 所示的是纸版画的范画。

图 5.40　纸版画作品 1

图 5.41　纸版画作品 2

图 5.42　纸版画作品 3

图 5.43　纸版画作品 4

图 5.44　纸版画作品 5

图 5.45　纸版画作品 6

图 5.46　纸版画作品 7

图 5.47　纸版画作品 8

图 5.48　纸版画作品 9

第六节　版画的其他材料表现形式欣赏

版画的其他材料表现形式欣赏如图 5.49~图 5.52 所示。

图 5.49 新徽派版画名家戴斌作品

图 5.50 草原八月 水印木刻《郑爽版画》

图 5.51 陈玉平丝网版画作品 1

图 5.52 陈玉平丝网版画作品 2

扫码示范作业：以人脸动物等为题材的纸版画。

纸版画　　吹塑纸版画　　单色吹塑纸版画

第六章

创意肌理画、载体画与粘贴画

教学目的

（1）了解肌理画的概念与儿童创意肌理画的分类。掌握肌理画使用的一般工具及其绘制方法。能够灵活运用不同肌理表现形式，丰富整体画面并增加其艺术效果。发现更多独特的肌理效果，学会综合运用不同肌理并能独立创设富有童趣的肌理画。

（2）了解创意载体画的概念并创造出更多的载体绘画作品。掌握创意载体画所需的创作材料及其绘制方法。能够灵活运用不同的载体进行绘画创作，丰富载体画并增加其艺术效果。掌握不同载体绘画技能，并探寻出更多、更富创意的载体进行绘画创作。

（3）了解创意粘贴画的概念。掌握各种不同材质创意粘贴画的制作步骤和基本技法。会到大自然、社会生活中寻找熟悉的素材，以制作更多富有创意的粘贴画。

教学重点

创意肌理画、载体画、粘贴画的选材与制作。

教学难点

儿童手指画；植物肌理画；生活用品肌理画；环保废旧材料肌理画、载体画粘贴画的材料收集。

第一节 创意肌理画

一、创意肌理画概述

创意美术是继基础美术之后,更适合低年龄阶段的儿童学习的一种独特的美术形式。《3~6岁儿童学习与发展指南》中明确提出,儿童艺术教育中应强调的两个方面,即感受与欣赏、表现与创造。艺术是幼儿的另一种语言表达,在幼儿美术教育中,对于幼儿来说绘画在本质上是一种娱乐游戏,幼儿通过自己的方式描述对自然、社会以及自我的认知与情感。强调儿童主体性的地位,让幼儿在美术教学中自主探索与发展,这是幼儿创意美术教育必须要坚守的第一要责。

幼儿美术活动的目的不是为了培养未来的画家,而是把它作为开发智力,培养创造意识、创造才能的一种手段。在创意美术中,肌理画具有表现手法多样,兼具趣味性和强化技能训练的优点。因此,幼儿美术教育中增加制作创意肌理画的活动,不仅符合幼儿生理、心理发展的规律,还为传统的内容、方式注入了新的元素。

(一)肌理的概念

德国著名哲学家莱布尼茨说过:"世界上没有两片完全相同的树叶。"同理,世界上也没有两个性格完全相同的人。因为世间每一片树叶的纹络脉络都是独一无二的,就跟人的指纹、掌纹一样,是与众不同的。请同学们伸出自己的双手,仔细观察自己的指纹、掌纹,看看它们有什么不同?再看看周围的物体还有哪些属于它们自己的独特印记?

肌理是指物体表面的组织纹理结构,即各种纵横交错、高低不平、粗糙平滑的纹理变化,区别于颜色和形状的物体表面结构。一切作为物态存在的物质都具有其独特的肌理,通常称其为质感。如水果皮有果皮的肌理,树木有木纹的年轮肌理,如图 6.1 所示。

柠檬皮肌理　　　　　　　木纹的年轮肌理

图 6.1　物质独有肌理

大自然中的肌理如图 6.2 (a)~(c) 所示。

 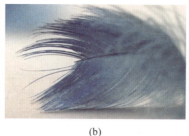 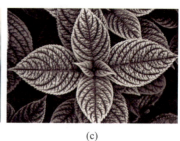

(a) (b) (c)

图 6.2　大自然中的肌理

（二）创意肌理画的概念

创意肌理画是利用人们的视觉肌理作用结合丰富的想象力和创造力，并按照形式美法则，有序灵活地运用物体表面的组织纹理结构创作而成。

我国负有盛名的画家张大千先生泼彩画，其画作中对光线阴暗等方面的处理就巧妙地运用了泼墨的肌理创作手法。儿童创意美术中的肌理画，简称创意肌理画，则更多的是发掘不同物质的肌理效果作为创设对象，对肌理效果进行创意加工，突出生活中物质肌理效果的运用而非所绘主题的刻画，即常说的"自然肌理"。这就需要创作者运用丰富的想象力与创造力，巧妙运用这些肌理效果以达到作品最富创意感的效果。在幼儿创意肌理画的创作过程中，重在突出创作过程中的趣味性及玩乐性，教师则要强调的是幼儿一边创作一边"玩"在其中，而非注重其绘画中的技能及技巧的学习，创意肌理画是一种非常有趣的艺术创作，如图6.3~图6.5所示。

图 6.3　收集叶子观察肌理

张大千作品《黄山绝顶》

图 6.4　泼墨

图 6.5　拓印纹样

（三）创意肌理画的美育意义

在教育部 2001 年印发的《幼儿园教育指导纲要（试行）》中对幼儿艺术教育就提出了新要求：引导幼儿欣赏艺术作品，培养幼儿表现美和创造美的情趣；提供自由表现的机会，鼓励幼儿大胆地想象，运用不同的艺术形式表达自己的感受和体验。

肌理画创作时表现的随意性就像幼儿玩的小游戏一样，简单的操作，不需要任何绘画技巧，但在创作过程中，注重的是鼓励幼儿在发现美、感受美的基础上勇于创造美，培养幼儿的想象力与创造力，通过这一创作形式来表达自我的感受与体验，如图 6.6 所示。

图 6.6　手指肌理画

基于幼儿美术教育的发展需要，当代幼儿教师要从自身出发，打破传统绘画的思维局限，掌握创意美术的具体课程及方法，引导幼儿积极主动地参与到艺术创作中来，激活幼儿的思维，进而诱发其想象力及创造力，以达到最终的美育效果，如图 6.7~图 6.9 所示。

图 6.7　创意画 1　　　　　　　　　　　　　图 6.8　创意画 2

图 6.9　创意画 3

二、各类创意肌理画的制作工具与材料

（一）手指肌理画

儿童手指画是儿童早期教育的重要活动之一，它是指幼儿直接用手（包括指尖、手指、手掌、手背、手侧）蘸取适当颜料，在纸质平面媒介上进行指印、掌印、涂鸦等形式的艺术活动。儿童手指画最早发端于意大利的瑞吉欧·艾米里教育体系。广义的儿童手指画不仅有手指印画，还包含了脚掌印画，如图 6.10~图 6.12 所示。

图 6.10　儿童早期教育

图 6.11　手指拓印

图 6.12　手指画

儿童手指画的制作材料准备。

画纸：素描纸、普通白纸、彩色卡纸、牛皮纸等。

颜料：儿童专用的无毒、环保手指画颜料或者自制颜料（食用色素、白糖、面粉等混合熬煮）。

其他：画笔、调色盘、湿纸巾、纸巾等可酌情准备。

手指画的制作方法与技巧（可搜索小视频）如图 6.13 所示。

点触法

平按法

笔触法

其他法

图 6.13　手指画画法与技巧

手指画的作品欣赏如图 6.14~图 6.17 所示。

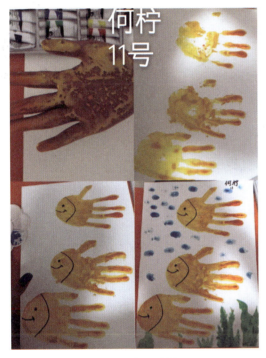

图 6.14　作品欣赏 1

图 6.15　作品欣赏 2

图 6.16　作品欣赏 3

图 6.17　作品欣赏 4

（二）植物肌理画

植物肌理画，顾名思义是运用植物表面的独特纹理组织结构蘸取颜料并印染在平面载体上的一种绘画创作。植物具有自身的一些独特的肌理，比如树叶的叶脉纹，白菜梗、西芹等横剖面独特的纹理造型等，这些植物所印染出来的肌理效果甚是惊艳。用作幼儿创意美术教育，可谓是不可多得的天然素材，在植物肌理画中又可分为绿植花卉和瓜果蔬菜，其绘画方法和所需要的材料大致是相同的。作为幼儿教师，应当尽可能地为幼儿准备充分的活动素材，让幼儿能够任意选择，自由发挥，这样才能更好地培养他们的想象力及创造力，锻炼他们的动手能力及协调性。

植物肌理画的制作材料如图 6.18 和图 6.19 所示。

图 6.18　植物肌理画的制作材料 1

图 6.19　植物肌理画的制作材料 2

基本素材：绿植花卉、瓜果蔬菜等，如图 6.20 和图 6.21 所示。

颜料：水粉颜料、丙烯颜料、墨水等一些着色力较强的颜料，在幼儿美术教育中建议采购一些安全性更高的幼儿美术专用颜料。

画纸：素描纸、普通白纸、彩色卡纸、牛皮纸等。

其他：调色盘、画笔、纸巾等材料可酌情准备。

图 6.20　肌理拓印

图 6.21　拓印作品

植物肌理画的制作方法与技巧如图 6.22~ 图 6.24 所示。

图 6.22　拓印制作 1

图 6.23　拓印制作 2

图 6.24　拓印制作 3

植物肌理画的作品欣赏如图 6.25~图 6.28 所示。

图 6.25　肌理画作品 1

图 6.26　肌理画作品 2

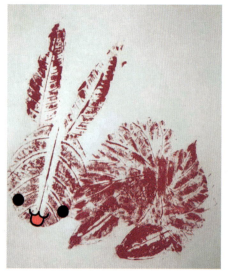

图 6.27　肌理画作品 3

图 6.28　肌理画作品 4

（三）生活用品肌理画

关于生活用品肌理画，本节主要介绍两种材料的肌理画——泡泡画和盐画，除此之外还有许多生活用品作为材料的肌理画，如肥皂肌理画、白乳胶肌理画等。希望学习者在日常的生活中能够探索出更多的材料进行肌理画创作。生活用品肌理画所需材料比较常见且方便备制，在进行生活用品肌理画美术活动时，幼儿教师也可以让幼儿学会观察周围的一切事物，做一个生活的有心人，从而锻炼幼儿独立思考及解决问题的能力。

了解泡泡画，白乳胶肌理画、儿童盐画等生活用品材料制作的工具与技巧，这些在幼儿园美术教育中是比较常见的一种游戏化绘画形式。通过幼儿喜爱的吹泡泡这一行为活动进行美术创作，把游戏活动和艺术教育完美结合，使幼儿教育游戏化。

这里介绍泡泡画制作工具与材料，如图 6.29 所示。

泡泡水准备

颜料准备

图 6.29　泡泡画材料

基本素材：泡泡水或者自制泡泡水。其中，洗洁精和水按约 1∶2 的比例进行调和。

颜料：水粉颜料、丙烯颜料、墨水等一些着色力较强的颜料，在幼儿美术教育实践中，建议采购一些安全性更高的幼儿美术专用颜料。

画纸：素描纸、普通白纸、彩色卡纸、牛皮纸等。

杯子：纸杯或者塑料杯若干。

其他：画笔、调色盘等制作工具与材料可酌情增加。

1. 泡泡画操作技法

泡泡画范例如图 6.30 所示。

泡泡群体印染

单个泡泡印染

图 6.30　泡泡画制作

2. 作品欣赏

图 6.31~图 6.33 所示作品供读者欣赏。

图 6.31　泡泡画作 1

图 6.32　泡泡画作 2

图 6.33　泡泡画作 3

（四）废旧环保材料肌理画

环保废旧材料有许多素材可以用于肌理画的展现，比如日常生活中的废旧牙刷、鞋刷、卷纸芯、废旧玩具、头梳、棉签、吸管、防摔塑料纸等，都可以运用或者对其造型加以改变后再运用到肌理绘画中。在我们的周围，能够用作肌理画的废旧环保材料还有许多，希望同学们能够在日常学习中不断积累，探索发现出更多有趣的肌理效果，以丰富日后幼儿美术教育活动的环保素材。

先找出一些能够印染出肌理效果的废旧环保材料，将其逐个拓印于纸上，思考这些肌理效果像什么，能够创作出什么样的造型，再进行肌理画的构图与创作。

生活中还有许多废旧环保材料可以用作肌理绘画，并且同一种材料运用不同的方法进行肌理画，所创作出来的效果千差万别，如牙刷，可以在纸上直接刷印也可以用木棍在牙刷刷毛部位进行刮、弹，两者效果不同，但都别具特色。所以同学们在进行材料运用的时候，要学会多角度去探索，发现更多不一样的肌理效果。

在处理肌理拓印的时候，还可以采取适当改变材料的外部结构，使其肌理效果更加突出，或结构重复组合处理，使拓印出来的效果更适合自己的画面需要。如卷纸芯可以进行适当的造型裁剪，木塞进行橡皮刻章的一些改变，吸管重复组合形成放射形的新造型等，如图 6.34~ 图 6.36 所示。

图 6.34　肌理特色作品 1

图 6.35　肌理特色作品 2

图 6.36　肌理特色作品 3

三、创意肌理画的制作流程图例

图 6.37 所示是创意肌理画的制作流程。

图 6.37　创意肌理画的制作流程

四、创意肌理画的范画

图 6.38～图 6.43 所示是创意肌理画示范。

图 6.38　示范画 1

图 6.39　示范画 2

图 6.40　示范画 3

图 6.41　示范画 4

图 6.42　示范画 5

图 6.43　示范画 6

第二节　创意载体画

一、创意载体画概述

（一）创意载体画的概念

　　创意载体画是指在除平面画纸以外的载体上，运用特殊的绘画材料与绘画方法进行绘画创作的一种绘画形式。如在玻璃瓶、棉麻布、石头、蛋壳等载体上进行的美术创作，就可以称为创意载体画。创意载体画是创意美术的主要组成部分，在创意载体画活动中，教师应大胆运用多元素的材料进行美术教育，同时引导幼儿积极发现新载体材料，尝试各种绘画方法，大胆表现与创作。进而提高幼儿的感知能力，激发幼儿的想象力与创造力，并培养他们感受美及表现美的艺术素养。

（二）创意载体画的美育意义

创意载体画的载体材料大部分源自大自然，源于人们的日常生活，如鸡蛋、石头、玻璃杯、纸杯、布料等。

幼儿通过发掘大自然和生活中的美好事物，并对它们加以美的塑造与改变，在这一过程中，幼儿学会了观察并感受周围的世界，用自己丰富的想象力去发掘一切美好的事物，并通过自己的双手创造出一件件全新的艺术作品，如图 6.44 所示。

所以作为幼儿教师，在进行美术教育时，要在艺术活动场所中布置更为丰富的素材，创设一个充实且安全的环境，以便幼儿能够接触更多全新的载体材料，从而更好地激发幼儿的想象力与创造力。

图 6.44　纸杯创意载体画

二、创意载体画的制作工具与材料

（一）布艺材料创意载体画

（1）扎染画的制作材料准备。

基本素材：纯天然的棉、麻、丝的布料（化纤和毛的面料是无法着色的），如图 6.45 所示。

图 6.45　扎染画的制作材料

染料材料：自制染料，即自己熬煮的植物或矿物质染料或直接染料，因为直接染料耗时短较便捷，故建议采购直接染料进行教学，或提前熬煮好草本染料，如图 6.46 和图 6.47 所示。

辅助材料：麻绳、橡皮筋、手套、衣架、脸盆、锅、盐、电磁炉等。需要注意的是绳子的选择，不适用尼龙绳，因其不易系紧。

注意：考虑幼儿安全问题，扎染创作开展之前教师可以把染料煮好，用桶子装好便于使用。红色、紫色容易掉色，蓝色相对要好些，黄色渗透力最强，也最容易上色。一般建议使用手帕大小的白色布料或者质量好的纸巾教学练习。

画图扎染法

圈捆扎染法

图 6.46　扎染画的制作办法

图 6.47　扎染

（2）手绘帆布包的制作材料准备。

基本素材：帆布包。

辅助材料与工具：丙烯颜料或纺织颜料、勾线笔、画笔、洗笔筒、调色板、铅笔等，如图 6.48 所示。

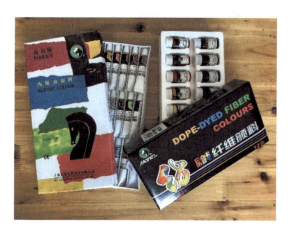

图 6.48　手绘帆布包的制作材料

在绘制前，可以用彩色粉笔或铅笔在帆布包上进行简单的起稿。在帆布包上绘画时，可以跟在纸上作画的方法一样,只是把纸换成了帆布而已。切记丙烯颜料和纺织布颜料是不需要添水调和,直接使用即可,如图 6.49~图 6.51 所示。

图 6.49　手绘 1

图 6.50　手绘 2

图 6.51　手绘 3

（3）手绘专业 T 恤和染料,如图 6.52 和图 6.53 所示。

在幼儿园很多大型的活动中,需要幼儿穿统一的服装,那么夏天的 T 恤是不是可以选择更有意义的手绘服饰,教师可以引导幼儿进行 T 恤的绘制,作为幼儿的活动统一着装。

基本素材：准备 T 恤,最好选纯棉材质的 T 恤,因纯棉材质能均衡吸收颜料,吸水性也强。

辅助材料与工具：颜料主要有丙烯颜料、纺织颜料、专业 T 恤手绘颜料。

丙烯颜料：色泽鲜艳,附着力大,但其干燥快,有抗水性,干后手感僵硬,没有伸缩性,会龟裂掉渣。

纺织颜料：专门应用于纤维布料。需要使用专业调和颜料,用熨斗高温烘焙在手绘服饰上。不足：颜色附着力小,操作不当容易掉色。

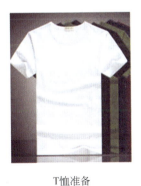
T 恤准备

图 6.52　专业 T 恤

颜料准备

图 6.53　染料

手绘 T 恤如图 6.54 和图 6.55 所示。

手绘颜料：适用于布类的绘制,颜料色泽透明靓丽,有遮盖力,颜料与颜料之间可以混合使用,不用调和油,画好后图案不掉色,不开裂,最有良好的伸缩性,手感柔软。绘制好的物品,附着力强,手洗、机洗均不易掉色。

另外,还要准备一块画板,主要起固定作用,能有效防止 T 恤在绘画过程中起皱。

T恤款式的选择可根据自己的喜好而定,但材质尽可能选用纯棉的面料。

T恤颜色的选择可以选用纯白色的,还可以选用其他颜色的,如黑色、粉色、蓝色、黄色等,根据不同的画面需要恰当选购。绘制T恤的时候,最好用木板或三合板将T恤的四边压制固定,这样绘制起来方便且不费劲。

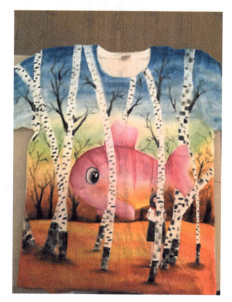

图 6.54　手绘 T 恤 1

图 6.55　手绘 T 恤 2

其他布面载体画如图 6.56 和图 6.57 所示。

图 6.56　手绘鞋子 1

图 6.57　手绘鞋子 2

(二)纸质材料创意载体画

(1)砂纸画是用油画棒在打磨用的砂纸(砂布)的磨面上进行绘画创作。油画笔材质柔软细腻,与砂纸的坚硬粗糙碰撞后迸发出一种特殊的质感,这种肌理效果非常独特。可以说它能够展现的效果是多样的且别具一格的,在幼儿美术教育中,只需要幼儿握笔涂抹,幼儿涂鸦的轻重缓急出来的效果都独具特色。

基本素材:砂纸(细砂和粗砂都行,画出的效果不一样),如图 6.58 所示。

辅助工具与材料:油画棒、铅笔、橡皮等。油画棒有 12 色、18 色、24 色、36 色、48 色之分,可以根据需要酌情采购。在幼儿美术教育中,建议采购无毒环保的油画棒,如图6.59所示。

图6.58 砂纸材料

图6.59 油画棒

铅笔构图:在绘画伊始,可以用铅笔进行构图,切记铅笔痕迹不要太深,不然橡皮在砂纸上擦容易留下痕迹。

叠加涂色:不管是勾线涂色或直接涂色,在涂完第一层颜色后,可根据画面需要用相同或不同的颜色再涂上第二层或第三层颜色,以增加画面效果。

深浅变化:在涂不同的颜色时,用的力度可以有轻重缓急的变化,这样会使画面的颜色出现或浓或淡的微妙变化,可以进行透视感和空间感的塑造,如图6.60和图6.61所示。

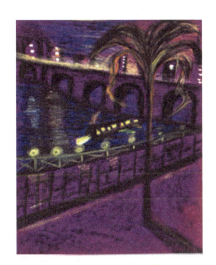

图6.60 深浅变化效果1

图6.61 深浅变化效果2

(2)纸盘画是以纸盘为造型依托,在其表面运用水彩颜料、国画颜料、丙烯颜料等进行绘画创作,属于创意美术的一种。纸盘的主要材料是利用由化学木浆制成的白纸板,通过轧盘机压制出来的一种纸容器。纸盘材质轻便、造价低,在幼儿园美术教学活动中十分常见。

基本素材:纸盘。建议采购尺寸大小适中的纸盘,如图6.62所示。

辅助工具与材料:水粉颜料、丙烯颜料、水彩颜料、墨水、彩色铅笔、签字笔、油画棒等颜料与工具。可根据创作需要进行恰当选择,如勾线笔、水粉笔、铅笔、橡皮、调色盘等。

图6.62 纸盘画1

用铅笔钩形的时候,尽量做到少出差错少涂抹,保持画面整洁干净。

在绘制纸盘画时,不太建议用水彩笔,因为水彩笔在纸盘上易出现渗水现象,会影响画面效果。

纸盘画不是只能在纸盘凹处作画,因为是纸质材料,所以也能够在纸盘的底部平面进行绘画,效果也是非常棒的,如图 6.63 和图 6.64 所示。

图 6.63　纸盘画步骤图

图 6.64　纸盘画 2

(3)创意面具画如图 6.65 和图 6.66 所示。

图 6.65　纸脸谱 1

图 6.66　纸脸谱 2

创意面具画的制作材料准备。

基本素材:纸脸谱。如图 6.66 所示,面具的造型多种多样,可以根据创作需要进行采购。

辅助工具与材料:彩色铅笔、水彩笔、油画棒、签字笔、水粉颜料、丙烯颜料、水彩颜料、墨水等工具与颜料。还可根据创作需要进行恰当选择,如勾线笔、水粉笔、铅笔、橡皮、调色盘等。

面具表面的造型变化比较多,所以在构图的时候要注意结合造型变化绘制相应的装饰图形,构图的时候依然要注意保持画面的整洁干净。

在进行面具绘画的时候,可以借鉴京剧脸谱的一些造型进行绘画创作,如图 6.67~图 6.70 所示。

图 6.67　面具绘画 1　　　图 6.68　面具绘画 2　　　图 6.69　面具绘画 3　　　图 6.70　面具绘画 4

尽量把面具平放在桌面上进行绘画，切勿用手拿来拿去，容易弄脏面具。

创意扇面画如图 6.71~图 6.74 所示。

图 6.71　扇子与铅笔

图 6.72　扇子画 1　　　　　　图 6.73　扇子画 2　　　　　　图 6.74　扇子画 3

创意扇面画是以扇面为绘画载体，运用国画、水粉、油画棒、彩铅、水彩等绘画工具与颜料进行的艺术创作。手绘扇面的材料有纸质材质、布艺材质、塑料材质等，扇面的造型也较为丰富，有圆形、方形、扇形以及各种新式的造型等。中国历来有"制扇王国"之称。

基本素材：各种形状的扇子。

辅助工具与材料：彩色铅笔、水粉颜料、丙烯颜料、水彩颜料、墨水、水彩笔、油画棒等工具与颜料，还可根据创作需要进行恰当选择，如勾线笔、水粉笔、铅笔、橡皮、调色盘等。

扇子的材质不同，在选择颜料上也要有所考虑，如纸质的扇子在颜料选择上较广，塑料材质的扇子就只能选用丙烯颜料，布面的扇子可以选用水粉颜料、国画颜料、水彩笔等。

在构图上,尽可能根据扇面的形状进行设计与构图。

纸折扇的独特造型导致我们在进行绘画创作的时候比较不方便,所以尽可能地减少涂改,做到胸有成竹才下笔绘画。

(三)乡土材料创意载体画

我国著名教育家陶行知先生曾提出过:"幼儿活动要以大自然、大社会为活教材""生活即教育,教育是从生活中来,从生活中展开"等观点。《幼儿园教育指导纲要(试行)》总则中也指出:"城乡各类幼儿园都应从实际出发,因地制宜地实施素质教育,为幼儿一生的发展打下基础。"在我国地域之间、城乡之间,有着极其丰富独特的乡土材料可用资源,如植被、奇石、粗陶缸罐、蓑衣草帽、特色农家产品等,这些生活中随处可见的素材,幼儿教师都可以用于幼儿美术活动教育中。尤其是村镇幼儿园,对于乡土材料的取材更具优势,教师应多选用地域特色的本土化资源,真正做到融入日常生活中,从而更好地组织和开展幼儿美术教育,如图 6.75~图 6.78 所示。

图 6.75 乡土材料 1

图 6.76 乡土材料 2

图 6.77 乡土创意载体画 1

图 6.78 乡土创意载体画 2

蛋壳画如图 6.79 和图 6.80 所示。

蛋壳画是指在鸡蛋壳表面进行绘画艺术的一种创意载体画形式。在幼儿美术教育中,教师可以选择自行准备的鸡蛋壳,也可以采购形状类似鸡蛋的载体进行绘画创作。需要注意的是,自行准备蛋壳时,要对鸡蛋做一些处理。首先在生鸡蛋的尖端部位,用大头针或牙签小心戳一个洞眼,把蛋液慢慢倒出来,然后清洗干净,最后在通风阴凉处晾干后方可使用。

基本素材：蛋壳，可自行处理也可网上购买。

辅助工具与材料：丙烯颜料或水粉颜料、水粉笔、勾线笔、调色盘、铅笔、油性笔等。

注意：在幼儿蛋壳画美术创作活动中，颜料最好选用儿童专用颜料，无毒且安全性能较高的儿童美术产品。

图 6.79　蛋壳画 1

图 6.80　蛋壳画 2

创意玻璃器皿画、石头画、陶罐画、易拉罐画如图 6.81~图 6.87 所示。

在创作之前，应构思清晰，确定构图并用铅笔或油性笔事先在玻璃器皿或石头上大致标示。在确定好形体后，需要用丙烯颜料进行着色装饰。在这里值得注意的是，丙烯颜料因为其独特的性质，创作者既可以薄涂覆盖颜色，又可以厚涂做出凸起的肌理效果。

铺染底色的时候，可以选用化妆海绵粉扑进行着色，铺出来的效果会比较均匀平整，还可以选用其他的材料铺出想要的肌理效果，如用棉签涂抹。

辅助工具与材料：丙烯颜料、水粉颜料、画笔、勾线笔、铅笔、调色板、洗笔筒、清漆等。

图 6.81　石头画

图 6.82　瓶子画

图 6.83 罐子画

图 6.84 饮料瓶画

图 6.85 陶罐画 1

图 6.86 陶罐画 2

图 6.87 陶罐画 3

三、创意载体画的制作

创意载体画的制作步骤如图 6.88 所示。

图 6.88 创意载体画的制作流程

四、学生创意载体画作品

学生创意载体画作品如图 6.89~图 6.96 所示。

图 6.89　学生创意载体画作品 1

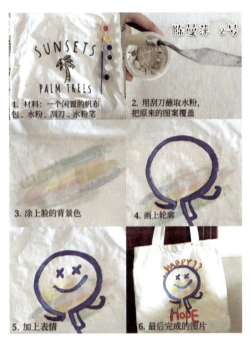

图 6.90　学生创意载体画作品 2

图 6.91　纸箱画 1

图 6.92　纸箱画 2

图 6.93　水杯画

图 6.94　瓶子画

图 6.95 蛋壳画

图 6.96 石头画

第三节 创意粘贴画

创意粘贴画是创意美术较为普遍的一种艺术形式，是锻炼幼儿手部肌肉及协调性，丰富幼儿审美体验并开发艺术潜质的一种综合性美术活动。粘贴画选择生活中各种常见的物质材料作为创作素材，利用其独特的材质肌理以及色彩上的万千变化，通过组合、拼贴、粘贴等基本方法制作而成。粘贴画可以表现的内容和范围很广，无论是具象形式还是抽象意境，都可以通过创意粘贴画完成塑形。教师要仔细观察，做生活的有心人，去发掘不同材料所蕴含的不同美感，灵活运用基本技法，赋予材料新的生命力，引导幼儿创作出一幅幅具有美感且新颖的创意粘贴画。

粘贴画所用材料很广泛，生活中随处可见，如各种纸张（废旧书画报纸、蜡光纸、吹塑纸）、布头、毛线、蛋壳、树叶以及各种废旧物品，都可以回收利用，只要日常留心收集就可获得丰富可观的材料，可谓既方便又环保，如图 6.97~图 6.99 所示。

图 6.97 花瓣粘贴画

图 6.98 叶子粘贴画

图 6.99 羽毛粘贴画

粘贴画与传统的绘画形式不同，基本不需要用到画笔，而是引导幼儿凭借丰富的想象力与创造力或撕、或剪、或贴，随意地进行艺术创作，在一个非常放松且充满乐趣的氛围中进行艺术活动，真正做到寓教于乐。

《3~6岁儿童学习与发展指南》中指出:"每个幼儿心里都有一颗美的种子。幼儿艺术领域学习的关键在于充分创造条件和机会,在大自然和社会文化生活中萌发幼儿对美的感受和体验,丰富其想象力和创造力,引导幼儿学会用心灵去感受和发现美,用自己的方式去表现和创造美。"

创意粘贴画所用的粘贴材料都来自生活和大自然中,这样的艺术表现形式能与幼儿生活有机结合,让幼儿教育真正地融入日常生活中,让幼儿艺术教育回归幼儿生活,一方面能够提高幼儿的观察力和审美能力,做生活的有心人,学会发现生活中的美,并用自己的方式表现美及创造美;另一方面也提高了幼儿对生活的热爱,对美的无限追求,更好地促进幼儿个体的全面发展。

创意粘贴画的分类:

纸质材料包括纸浆贴画、撕纸贴画等;植物材料包括种子贴画、树叶贴画等;塑料材料包括吸管贴画、纽扣贴画等;线状材料有毛线贴画;壳状材料有蛋壳贴画。

图6.100和图6.101所示为学生创意粘贴画作品。

图6.100　蛋壳粘贴画

图6.101　种子粘贴画

一、创意贴画的制作工具与材料

纸浆贴画:纸浆贴画是将各种柔软的纸质材料如卫生纸、纸巾等浸水并捣成泥状,调和一定比例的颜料和白乳胶,并粘贴而成的一种创意纸质粘贴画。纸浆贴画所需材料绿色环保且方便备制,制作方法简单且易上手,非常适合教师用作幼儿美术创作。纸浆贴画作品颜色鲜艳,表面粗糙,触觉肌理感强,乍看似有浮雕的效果,富有趣味性且画面效果独特,不仅可以用作幼儿美术教育,还能将其成品用来布置幼儿园的墙面环境,如图6.102和图6.103所示。

图6.102　纸浆贴画1

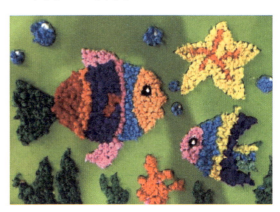

图6.103　纸浆贴画2

基本素材：三合板、硬纸板、卫生纸巾或报纸等各种纸质材料以及纸盘等。

辅助工具与材料：水粉颜料或丙烯颜料、一次性塑料杯若干（用来装调好颜色的纸浆）、白乳胶、镊子、梳子、牙签、铅笔、橡皮等，如图 6.104 和图 6.105 所示。

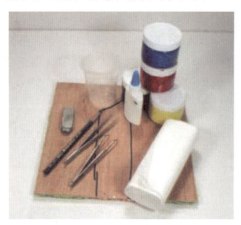

图 6.104　纸浆贴画材料

图 6.105　纸浆贴画制作

二、创意贴画的制作

纸浆贴画的制作方法与技巧：卫生纸处理得越碎越好。纸浆的水分要挤干，若水分太多，铺的时候容易互相染色，影响效果。

纸浆的颜色如果需要调色，尽量多调一点，以免不够，重新调会有色差。用颜料调纸浆的时候要调匀，否则干后会出现不均匀的深浅颜色。纸浆里放入白乳胶，注意量的把握，不能太少，太少没有黏性，也不能太多。调好的乳胶纸浆，用手捏一捏，感到有一点黏黏的即可。

（1）平铺法：将制作好的纸浆铺在图形内，厚度都一致，只有色块上的对比。

（2）压印法：借助其他形状的物品如牙签、梳子，压印在平铺好的图形内，使其产生不同形态的肌理。

（3）厚薄法：对比平铺法，在铺的过程中，注意纸浆的厚薄之分，也可以在厚薄上做一个渐变的过程，使画面更有立体感。

图 6.106 和图 6.107 所示是幼儿学习纸浆贴画和制作作品。

图 6.106　幼儿学习纸浆贴画

图 6.107　纸浆贴画作品

三、其他创意贴画的范画

创意贴画的示范画如图 6.108~图 6.115 所示。

图 6.108　贴画步骤

图 6.109　毛线贴画步骤

图 6.110　纸贴画步骤

图 6.111　纸团贴画步骤

图 6.112　树叶贴画

图 6.113　彩贴画步骤

图6.114　种子贴画

图6.115　蛋壳贴画

扫码示范图例如下。

创意拓印　　　　粘贴画　　　　鸡蛋彩绘

第七章 纸黏土、剪纸、纸雕创意手工

教学目的

（1）了解剪纸、纸雕、纸黏土的分类。掌握剪纸、纸雕、纸黏土使用的一般工具材料及其制作方法。能够灵活运用材料与技法进行塑造表现，并增加其艺术效果。学会综合运用不同技巧进行独立制作。

（2）尝试制造出更多的手工作品，更富创意。

（3）到大自然、社会生活中寻找熟悉的素材，以制作更多富有创意的剪纸、纸雕、纸黏土作品。

教学重点

（1）创意剪纸。

（2）纸雕。

（3）纸黏土的选材与制作。

教学难点

手工制作的技法，善于运用工具。

第一节　创意手工纸黏土

纸黏土的用途：纸黏土是黏土的一种（也称轻黏土），以纸浆混合树脂和黏土制成，价钱较其他的黏土便宜，与面土、陶土等同属常用的捏塑素材。通过加水、手捏和使用各种工具后，纸黏土会变成不同的形状，但在干透以后便不能再令其形状改变。纸黏土一般用于制作泥人、小饰物、画作等，如图7.1所示。

图 7.1　纸黏土作品《小兔》

纸黏土的特点：①颜色多种，无毒，不粘手，柔软性好，可塑性强；②作品不需烘烤，自然风干，干燥后不会出现裂纹；③作品干燥定型后，可以上色（可涂上水彩或广告色），可用水彩、油彩、压克力颜料、指甲油等上色，有很高的包容性。颜色干后再涂上光油，即可长期保存；④与其他材质的结合度高，不管是纸张、玻璃、金属还是蕾丝、珠片都有极佳的密合度；⑤由于纸黏土是遇空气自然风干的，所以只要在保障纸黏土不接触空气的情况下，是不会干掉的；⑥干燥速度取决于制作作品的大小，作品越小，干燥速度越快，越大则越慢，一般表面干燥的时间为3小时左右；⑦由于纸黏土尤其是超轻土能够明显地体现出在材料上面压出来的纹路，所以很多人把它应用于手脚印的制作，比如婚庆情侣手印、宝贝成长手印，所以又叫作手脚印泥。

市面上有不少类似的彩泥材料，比如橡皮泥、软陶。但是橡皮泥味道重，粘手有致癌物质，一般幼儿避免使用；软陶塑形力强，可以制作精致细节，但是需要用高温烤干，容易有断碎风险也不适合幼儿教育使用。因此幼儿美育手工课建议首选纸黏土中的超轻黏土，如图7.2～图7.4所示。

图 7.2　纸黏土（超轻黏土）

图 7.3　橡皮泥作品

图 7.4　软陶作品

一、超轻黏土创意手工的材料与工具

典型的创意手工超轻黏土的材料与制作工具，如图 7.5~图 7.7 所示。

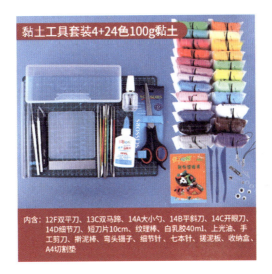

图 7.5　轻黏土工具套装

图 7.6　轻黏土辅助工具

图 7.7　轻黏土工具

二、超轻黏土创意手工的制作流程

超轻黏土只要通过简单的揉搓练习就可以开始制作了，如图 7.8~图 7.10 所示。

图 7.8　揉搓练习

图 7.9　超轻黏土制作 1

图 7.10　超轻黏土制作 2

三、轻黏土创意手工作品

轻黏土创意手工作品如图 7.11~图 7.21 所示。

图 7.11　轻黏土学生作品 1

图 7.12　轻黏土学生作品 2

图 7.13　轻黏土学生作品 3

图 7.14　轻黏土学生作品 4

图 7.15　轻黏土学生作品 5

图 7.16　轻黏土学生作品 6

图 7.17　轻黏土学生作品 7

图 7.18　轻黏土学生作品 8

图 7.19　轻黏土学生作品 9

图 7.20　轻黏土学生作品 10

图 7.21　轻黏土作品

扫码示范作业如下。

超轻黏土作品
的制作流程

超轻黏土制作

超轻黏土大放送

第二节 平面剪纸

剪纸有着悠久的历史，我们经常会使用它来装饰生活。

（1）剪纸的种类包括窗花、屏花、门笺、墙花、箱柜花、壁花、团花、角花、顶棚花、边花、灯花、礼品花、喜花、寿花、丧花等多种多类。其中窗花、门笺、灯花便是在春节和元宵节时贴挂的。喜花是在结婚布置新房时剪贴在室内、家具和器物上，象征婚姻美满，子孙延绵的剪纸。寿花是在过生日时贴的，丧花是办丧事时张贴的。墙花和顶棚花是布置房间时分别贴在墙上和屋顶上的装饰。

（2）剪纸一般用作布置环境，增强节庆气氛，常常贴在院子内或器具上。剪纸是一种民俗艺术，它的功能由原先的祭祀礼仪逐渐转变为民俗传统，越来越贴近人们的生活。

图 7.22 所示的是 3 种方式的剪纸的作品。

图 7.22　3 种剪纸的作品

一、剪纸的制作工具与材料

常用的剪纸工具、材料如图 7.23～图 7.27 所示。

工具包括如下。

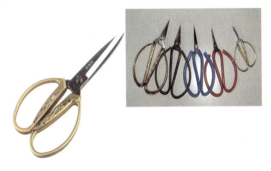

图 7.23　剪纸的工具　　　　　　　　图 7.24　专业剪刀

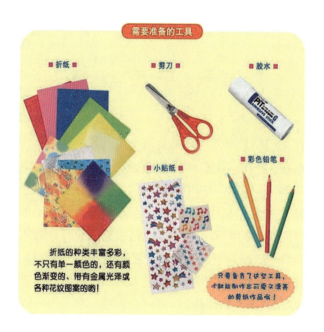

图 7.25 儿童剪纸的工具

（1）剪刀：剪纸专用的剪刀需要剪刀刀尖要尖，还要能合拢的，剪刀刀背要平滑，这样不会划伤剪纸作品，剪刀刀刃要快，剪刀的刀关要活。

（2）刻刀（一般分为大号、中号、小号三种规格）：它是刻制剪纸的主要工具，刀片有斜尖和圆口两种。其中斜尖刀片更适合刻制较精细些的剪纸。刻刀一般在商店可以购买，但是专业的剪纸艺术家都是自己制作不同种类的刻刀，以方便自己的剪纸创作。

（3）蜡盘：蜡盘木质结构，蜡质松软，韧性适中，最适合制作精细剪纸，盘内蜡质用木屑灰或香灰、牛油或羊油等多种天然材料精心制成。

（4）订书机：对作品样稿起固定作用。

（5）镊子：镊除剪纸后作品上多余的纸屑。

（6）毛笔：主要给剪纸作品上色。

（7）铅笔：起勾画和起草作用。

材料包括：①宣纸，分为生宣、熟宣、色宣；②蜡光纸；③彩色纸；④白板纸；⑤色料。

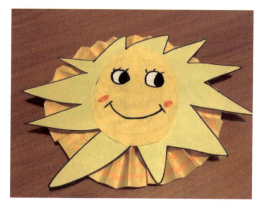

图 7.26 儿童剪纸作品

图 7.27 儿童剪纸

二、剪纸作品

剪纸作品如图 7.28~图 7.35 所示。

图 7.28　剪纸作品

图 7.29　服装剪纸创意

图 7.30　花卉剪纸

图 7.31　传统剪纸

图 7.32　舞台背景

学生剪纸习作如图 7.33~图 7.41 所示。

图 7.33　练习作品 1

图 7.34　练习作品 2

图 7.35　练习作品 3

图 7.36　练习作品 4

图 7.37　练习作品 5

图 7.38　练习作品 6

图 7.39　练习作品 7

图 7.40　练习作品 8

图 7.41　练习作品 9

扫码示范作业如下。

剪纸小练习

第三节　立　体　纸　雕

　　纸雕起源于中国汉代，古老的纸雕艺术主要孕育在民间艺术土壤中，发展缓慢却从未间断，形态虽无变化万千，却不失创新精神。其中民间韵味浓厚的纸雕彩灯在借鉴宫灯艺术造型的基础上，开创了中国纸雕艺术的经典篇章。

纸雕也叫纸浮雕。它的起源可以追溯到中国汉朝纸的发明及 16 世纪德国对纸的改良成果。

制作纸雕当然是以纸为素材，然后使用刀具塑型，它结合了绘画和雕塑之美。纸雕起源甚早，所以与其说纸雕是一门新兴艺术，不如把它视作传统工艺借助现代工艺的复兴来得更贴切。纸雕的制作要求艺人熟练地运用切、剪、折、卷、叠、粘等手法，随着造纸技术的普及和纸雕技术的演进，纸雕发展已经成一种赚钱的插图媒体，不少纸雕还运用于灯饰、家具行业，产品非常受欢迎。至今，纸雕仍是立体插图业的尖兵。西方许多美术学府都设有专系，教授纸雕及其衍生出来的各种立体创作方法。图 7.42 和图 7.43 所示的是两幅纸雕作品。

图 7.42　纸雕作品 1

图 7.43　纸雕作品 2

一、立体纸雕的制作工具与材料

制作纸雕作品选择合适的纸张很重要，因为纸雕作品要用剪、折等动作，所以要选用硬度和耐折度都比较好的纸张，比如彩纹纸、粉彩纸、雕纹纸等，如图 7.44 所示。

图 7.44　立体纸雕的制作工具与材料

现在大家在新年、生日、母亲节、父亲节、中秋送的新年礼物更多的都是注重心意了，一张漂亮的手工制作的贺年卡就已经能够让人非常开心，一张纸雕的贺卡虽然简单但是又非常漂亮。用纸张只要发挥足够的想象力，就可以制作出很漂亮的装饰画来，当然自己制作的装饰画来点缀家里要比买来的装饰画好得多，用漂亮的纸制作这个心形的纸雕画并不难，设计好之后就可以开始制作了，如图 7.45 所示。

图 7.45　立体纸雕作品 1

纸雕画是一种立体性非常强的画，很适合用来作为儿童手工制作，因为构图比较简单，每一个部分都可以用剪成小零件来拼起来，小朋友们制作起来也很有意思。学员如果想要欣赏更多的纸雕作品可以尝试搜索：立体纸雕、纸雕艺术、纸雕大师，开阔视野、启发想象力。

二、立体纸雕作品欣赏

立体纸雕作品如图 7.46~图 7.66 所示。

图 7.46　立体纸雕作品 2　　　　　　　　图 7.47　立体纸雕作品 3

图 7.48　立体纸雕作品 4　　　　　　　　图 7.49　立体纸雕作品 5

图 7.50 立体纸雕作品 6

图 7.51 立体纸雕作品 7

图 7.52 立体纸雕作品 8

图 7.53 立体纸雕作品 9

图 7.54 剪纸艺术家作品 1

图 7.55 剪纸艺术家作品 2

第七章 纸黏土、剪纸、纸雕创意手工 155

图 7.56 剪纸艺术家作品 3

图 7.57 剪纸艺术家作品 4

图 7.58 剪纸艺术家作品 5

图 7.59 学生纸雕习作 1

图 7.60 学生纸雕习作 2

图 7.61 学生纸雕习作 3

图 7.62　学生纸雕习作 4

图 7.63　学生纸雕习作 5

图 7.64　学生纸雕习作 6

图 7.65　学生纸雕习作 7

图 7.66　学生纸雕习作 8

学生作业

（1）制作 3~5 件超轻纸黏土作品。

（2）制作 3 件以上的平面剪纸作品（包含团花、对花、小动物，每件不小于 20cm×20cm）。

（3）用彩色纸制作 1~2 件立体纸雕作品（题材不限，每件不小于 25cm×25cm）。

第八章 幼儿园环境创设

教学目的

（1）幼儿园环境设计概念。
（2）环境设计的要求（法规、安全标准等）。
（3）幼儿园室内功能环境。
（4）幼儿园室外功能环境。

教学重点

掌握各种不同材质在环境创设的合理运用。

教学难点

（1）各种不同材质的应用技法。
（2）运用日常教学让儿童参与制作。
（3）幼儿园教学、环境布置需善于结合本土文化。
（4）强调材料安全、环保、制作成本低。

第一节 幼儿园环境创设要求

幼儿园环境设计内容包括：环境设计的要求标准、幼儿园室内功能环境、幼儿园室外功能环境。

环境设计的要求：幼儿园环境设计要全方位地协调好各教育活动之间、各室之间的关系。

无论是为班级的主题活动服务，还是为各领域的区角活动或幼儿的自由活动服务，无论是在活动室、盥洗室或卧室，也无论是室内还是室外，都不能各自孤立地安排布置，而应全面、整体地考虑。

《托儿所、幼儿园建筑设计规范》局部修订条文自 2019 年 10 月 1 日起实施，设计从选址、规划必须遵守验收标准，设计需遵从预算来开展。

一、幼儿园环境创设的功能与原则

1. 童趣性

幼儿园环境设计的核心便是童趣性。童趣性要求幼儿园环境的设计要一切从幼儿的生理的特征出发。无论是幼儿所使用的各种生活用品，还是为幼儿准备的操作材料和供幼儿欣赏的作品，都要考虑幼儿的身高，使其存在于幼儿双手能触碰到和视线能达到的范围内。

环境设计的形式和内容一定要符合幼儿的心理特征，特别是要遵循幼儿想象的特点和审美特征，设计者还要运用幼儿在生活中喜爱的任务形象和动植物作为设计创意的主要来源。

幼儿园环境设计要色彩明快、线条简洁、富有情境性和益智性，能够满足幼儿的感官需求，同时又能够吸引他们主动去认识和探索环境中渗透的各种知识和经验。让幼儿一走进幼儿园，就感觉到身心愉悦，愿意在这里生活。所以"幼儿园不是为了迎合大人而设计的，而是从孩子的角度去出发"，日本著名设计师日比野拓这样评价。图 8.1 是典型的幼儿园环境设计案例。

图 8.1 典型的幼儿园环境设计案例

2. 动态性

幼儿园环境的设计内容上和形式上要满足幼儿不断变化的需要和兴趣，因此，幼儿园的环境要富于变化，从而有效地保证幼儿园活动的可持续发展。具体地说，这种变化既要遵循幼儿身心发展的整体规律和特点，又要依据幼儿个体的已有经验和发展水平。由于每个幼儿的发展都具有多种可能性，因此，教师要考虑到幼儿在发展中的个体差异，对幼儿园环境做出适宜的变动，以此来引发幼儿的内部潜能，更好地促使幼儿不断地与环境互动，不断生成新的问题、新的经验，让幼儿与环境之间的"对话"在一种有趣、生动、有意义的氛围中开展。

例如，教师可根据幼儿的需要，与幼儿一起更换室内摆设的位置，让幼儿感受室内的变化。装饰物，既可以创造性地用其他材料来替代，也可从造型上重新做出设计。墙面上的幼儿作品也可因活动主题的不同而做出更换。室内的颜色也可随季节的不同而重新调整。总之，环境中的各种教育元素需要定期地、有序地进行更新、调整以满足全体幼儿的发展需要，如图8.2所示。

图8.2　幼儿园环境布置案例：节日

3. 差异性

在进行环境设计时，各园、班级及各室都有所不同。差异性首先表现在不同的环境其自身的特点和功能有所不同，需要在进行环境设计的时候要考虑到尽可能地发挥该环境自身的优势，使环境与幼儿的经验与学前教育课程有机地融为一体。

例如，同较为封闭的室内环境相比，室外环境相对开阔，幼儿活动的空间也较为开放，很适合幼儿进行较大幅度的肢体活动，其活动区域的设计尽可能地充分调动幼儿大肌肉群的活动。而室内环境的空间也决定可去区角的设计只能满足幼儿小肌肉群的活动。因此，在室内环境设计的区域则不适合的户外使用，反之亦然。

另外，每个幼儿园在地理位置、气候条件、经济文化等方面都各有不同，环境的设计要能够因地制宜，在设计中充分体现当地文化传统中的特色元素，利用当地的优势资源，选取当地独有的材料。例如，在农村的幼儿园，可利用各种农作物为装饰的材料，在江南地区，各种传统的手工艺作品也可加以利用。总之，在环境设计中，要充分地挖掘和利用本地独有的物质文化和精神文化。再比如广州岭南文化在当地幼儿园的应用，如图8.3~图8.5所示。

图8.3　广州岭南地方文化与幼儿园环境布置案例1

比如岭南文化有上千年的历史,早已渗透在幼儿的衣食住行中,如各种节日的庆祝方式、家里煲的老火汤、凉茶等,这些藏在幼儿身边的资源都是非常有研究价值的活动主题。

粤绣、粤剧、舞龙、舞狮、饮茶、迎春花市、美食节、龙船饭、乞巧节、孔子诞、沙湾飘色等幼儿耳熟能详的事物都是"岭南文化艺术"主题课程开发的土壤。幼儿园结合当地文化必然特色显著。

图 8.4　广州岭南地方文化——赛龙舟

图 8.5　广州岭南地方文化与幼儿园环境布置案例 2

4. 育人性

幼儿园是对幼儿实施保育和教育的机构。要利用自身的特点为幼儿的身心发展提供最有力的支持。不仅为幼儿提供一个舒适的生活环境外,还要提供一个良好的育人环境,能增长他们的生活经验,使他们获得各种不同的知识和技能,拓展他们的思维,还能借环境培养他们良好的道德品质,形成良好的人格。因此,幼儿园环境每个角落的设计都可富有教育的寓意,如图 8.6 所示。

图 8.6　幼儿园国学教育仪式

例如，有的幼儿园在楼梯的台阶上贴有数字，既美化了环境，又为幼儿的数字认知提供了直接的经验。有的幼儿园坚持选用废旧的材料做装饰，无形中增强了幼儿的环保意识。也有一些幼儿园，将各种具有浓厚中国传统文化的艺术形式直接或间接地运用到环境设计中。坚持环境设计的育人性原则有利于教育目标的实现。图8.7所示是幼儿园的春天主题角。

图8.7　春天主题角

5. 审美性

爱美是幼儿的天性，幼儿喜爱的事物，他们既能敏锐地捕捉美、发现美，还能参与美的创造。一个美的环境既可愉悦幼儿的身心，又可培养幼儿的审美情趣，提高幼儿对美的鉴赏力，陶冶幼儿的性情。因此，幼儿园环境设计要充分考虑到色彩的搭配，既要避免用色太多，也不要枯燥单调。各种装饰物品的摆放和粘贴也要错落有致，整齐有序。不能在墙壁上、桌子上、书架上挤满许多材料、图片或别的东西，要留有一定的空间。另外，整个幼儿园环境的设计，无论室内还是室外，既要体现人工的美，也要提供自然的美。在教室和卧室的窗台都可以摆放具有不同特点的植物，也可养几条金鱼。如果室外空间充足，也可设计水池、花园、菜圃以及用鹅卵石铺成的小径。户外可种植树木，还可用植物修建成各种有趣的造型，如图8.8所示。

图8.8　培养幼儿的审美情趣

6. 创造性

幼儿期是幼儿最富有想象力和创造力的时期。幼儿的创造不拘泥于各种形式和内容，他们的创造可发生在生活中的每个细微之处。因此，幼儿园环境设计的创造性既可通过设计者来完成，也要通过幼儿之手来实现。从设计者的角度来看，幼儿园环境设计不仅是由教师一方完成，也可以让幼儿参与环境的设计、制作、布置等各环节，充分发挥他们的主人翁意识、主动性和积极性，充分给予他们动脑动手、合作交流的机会。从空间设计的角度来说，尽可能地充分利用幼儿园的每一个角落作为设计的空间，例如，楼梯的拐角、走廊里的窗台、活动室的天花板。既不占用幼儿正常的活动空间，又可充分地设计出对幼儿来说生动有趣的环境。从选择的材料来看，材料本身就蕴含着巨大的创造潜力，许多废旧材料都可多次利用。例如，旧报纸、塑料瓶、包装盒、碎布等，不仅满足了幼儿创造的欲望，还能激发他们对生活的无限热爱和对美好环境的向往。图8.9所示是幼儿参与环境的设计。

图8.9　幼儿参与环境的设计

7. 安全性

幼儿的好奇心和求知欲很强，所以，他们常常探索不熟悉的事物，但由于他们缺少与安全有关的知识和经验，自我保护的意识和能力都很薄弱。因此，在环境设计时，要将那些可能存在安全隐患的地方加以保护，例如，在室内，插座、电源的开关要避免幼儿触摸到，室内的地面也要保持干燥，以免滑倒，如图8.10所示。

图8.10　幼儿触摸墙

室外是幼儿自由奔跑、跳跃、追逐的空间，但是幼儿的骨骼发育还不完全，他们身体的协调能力还不完善，对自己行为的控制能力较弱，因此，幼儿所使用的各种游戏器械要稳固并具备相应的安全和保护措施。活动的场地应平整，避免有凹凸布置和障碍物，根据不同活动的特殊需要，还可采用适当的、有相当柔性和防滑的材料。户外绿化带中的各种植物，不得选种带有毒性、带刺状或由黏液排出的植物及有极强染色特性的植物。幼儿园室外建筑边界所设置的遮拦安全、美观、通透，如图 8.11 所示。

图 8.11　幼儿园室外建筑

二、幼儿园室内功能环境

每班单独生活单元：活动室、寝室、卫生间、衣帽贮藏室、盥洗池；音体活动室；服务用房：办公室，会议室，保健室，隔离室，晨检室，储藏室，值班室，传达室，教工厕所；供应用房：厨房消毒洗涤室、开水间，炊事员休息室，洗衣房。

按照幼儿园设计规范很多功能间都是有严格要求，如图 8.12 所示。

图 8.12　幼儿园室内功能环境

三、幼儿园室外场地

室外场地：绿化，班级专用室外游戏场地，室外公共活动场地等。注意需使用防水耐晒材料。图 8.13 所示是幼儿园室外场地环境。

图 8.13 幼儿园室外场地环境

第二节 幼儿园环境创设案例分析

一、幼儿园环境创设的原则和文化体现

图 8.14 所示上图为幼儿园环境改造前的样子，是 20 世纪 80 年代的陈旧式样；下两图为幼儿园环境改造后的样子，活动空间开阔，更加适合幼儿的活动，色彩调子明亮活泼，又显得井井有条。该改造焕然一新，改造后还给幼儿园带来了良好收益。

图 8.14 幼儿园环境创设改造前后的案例

环境是人生存的场所，人对环境的感悟和认知直接决定了其在环境中的表现。幼儿对环境有着高度的敏感性，幼儿园环境是幼儿成长的关键场所，如何创建幼儿园环境，让他们自然地感受到这是其幸福家园和快乐成长之所，是幼儿园环境创设的应有之意。总之幼儿需通过场所使用来检验体

验感、安全感、认同感、归属感。

幼儿园应该具有以下气质特点：安全性、美感、游戏化的氛围。这种氛围使得幼儿在游戏中"忘乎所以"，感到自己"无所不能"；这种氛围吸引着幼儿每天都乐意到幼儿园，认为幼儿园就是"我的乐园""我喜欢这里"，从而对幼儿园产生强烈的认同感和归属感。

（一）户外活动场地环境创设原则

从幼儿本位的审视与建议上，我们可以从物理场、心理场、关系场和文化场来创建幼儿园环境。根据各小、中、大班等班级环境属于中观物理场的范畴，包括活动室、盥洗室、卧室、走廊、户外活动场地等开展环境的创建需要关注以下几个主要原则。

（1）安全。因幼儿年幼、心理和生理未发育成熟等特点，活动室的创设首先应是安全的，并且是没有安全隐患的。桌椅的高度正好适合孩子，桌子的棱角包了软软的布，尖利的物品放在一个恰当的位置上而不会伤害到幼儿，严禁使用有毒有害的材料来制作教具、玩具等。

（2）自由。活动室的创设还应让幼儿感到自由自在，而不应是一个狭小封闭的空间。为了这种自由，很多出现在这个空间中的用具，比如小型的绘画用具和收纳用具，最好是可以折叠的，或者是能够悬置的，以达到在多重维度上最大化地利用空间。

（3）开放。活动室还应是开放的，活动室内划分的各区域也应该是开放而又相对独立的。这样的活动室可以让幼儿今天想到哪个活动区玩就到哪个活动区玩，还可以与其他活动区实现联动，从而对幼儿的发展发挥整体的综合效用。

目前总体来看能真正以幼儿为主体，实现真正的自由，还需学会放手，让幼儿真正做活动的主人。开放型的幼儿园区内环境要实现联动还需进一步提高教师的能力，把主题开展、环境创设与目标达成结合起来，实现教育效能的整体发挥。

（4）创建幼儿园微观物理场。活动室内的教玩具、游戏材料等成品和半成品的提供与摆放属于微观物理场的范畴。要创建一个科学合理的微观物理场，需要做到以下几点。一是便利；二是丰富多样；三是适宜。蒙台梭利认为，儿童具有主动发展和自我教育的天性和本能，能够以独特的方式去主动接触外部世界，从复杂的环境中选择并吸收对自己发展适宜的东西。活动室内的环境所提供的材料必须符合幼儿的年龄特征，既不能太复杂、太抽象，也不能太单一，而应在"最近发展区"内进行创设和布置，让幼儿能够"跳一跳，够得着"。要综合考虑幼儿实情、材料的特征、教育性等因素，把幼儿、环境、教育结合起来，整体发挥作用，达到既能保持新鲜感，又有熟悉与探索的空间。

因此，幼儿园在环境创建中应该充分利用多维空间，让孩子们在幼儿园中不停地发现惊喜，切身体验各种有趣的活动，培养其好奇心与探究的欲望。游戏化的氛围也需幼儿园里各种游戏材料等有趣味，能够吸引住幼儿，使得幼儿在与丰富的材料互动中获得发展。

（二）幼儿园环境创设的文化体现

幼儿园主要涉及两种文化：静态文化和动态文化。就静态文化而言，应当把本地区、本园幼儿家庭、文化背景和传统风俗等考虑进来，为不同种族、性别、民族或有特殊需要的幼儿提供多样化的学习环境，将民族文化与世界文化融合起来，重视在环境中渗透对幼儿多元文化的教育。例如在走廊、过道上悬挂各国国旗的图片等。就动态文化而言，这个动态文化场应该是在师幼之间进行互动交往过程中产生的，其内在地蕴含着幼本、理解和特色。

（1）幼本。幼本教育所提倡的，就是尊重国内外各民族每个幼儿生命的天性，让教育皈依生命，让教皈依学。在创设环境时，需要充分考虑来自各国不同个性的孩子各方面的需求，充分体现以幼儿发展为本，让环境说话的理念。例如在阅读区摆放《白雪公主与七个小矮人》《三只小猪》《金鱼和渔夫》等绘本，让孩子在与文本内容的互动中，体验不同的文化。

（2）理解。面对快速发展的社会，人们日益意识到社会的文化多元特征成为一种不可阻挡的趋势。文化的多元共存意味着其既是独立的，同时又是相互依存的。因此，让幼儿理解和尊重其他国家、民族的文化是幼儿教育的一个使命。例如，可以为孩子开展体现多元文化的节日活动，让孩子在活动中体验过节的快乐，了解这些节日的由来，进而理解和体验其他民族的文化特点。

（3）特色。"特色"是一种文化积淀，是一种价值思考，是一种行为方式，是融合了幼儿园人文精神的一种特殊的文化结构。幼儿园特色文化是在办园过程中逐步形成的独特的个性风格，其特色的定位应是育人价值的取向和办园理念、办园目标、园所传统、园风园貌和价值认同的综合体现。我们可以从组织文化——幼儿园名称、标志性建筑风格、宣传手册、衣着制服、教育内容、教育模式、教育研究等的选择与形成。制度文化——组织的章程、制度、管理细则等的制定和执行。精神文化——幼儿园教师共同信守的基本信念、价值标准及精神风貌等三个层面来创建幼儿园的特色文化。打开信息数据平台我们可搜索到：国学、田园、环保、健康、安全教育、生活等特色。

幼儿是蕴藏着智慧和具有高级情感的生命体，其成长空间的"宽"与"窄"、"优"与"劣"决定了他们成长的状态是健壮还是脆弱。在幼儿园里，物理场、心理场、关系场与文化场交织在一起，4种场域共生共融，共同对幼儿发挥整体作用。基于场所精神的幼儿园环境应该是一种源于自然又超乎自然、来自幼儿园本身又高于幼儿园本身的精神和气质，创建一个让幼儿健康、快乐地成长的优美环境，如图8.15和图8.16所示。

图8.15　幼儿园环境创设1

图 8.16　幼儿园环境创设 2

二、国内外著名幼儿园环境创设作品

图 8.17~图 8.30 所示为国内外著名的幼儿园环境创设作品。

图 8.17　创设作品 1　　　　　　　　　　图 8.18　创设作品 2

图 8.19　创设作品 3

图 8.20 创设作品 4

图 8.21 创设作品 5

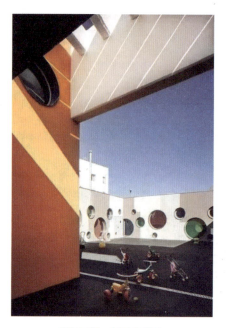

图 8.22 创设作品 6

图 8.23 创设作品 7

图 8.24 创设作品 8

图 8.25 创设作品 9

图 8.26　创设作品 10

图 8.27　创设作品 11

图 8.28　创设作品 12

图 8.29　创设作品 13

图 8.30　创设作品 14

第三节　幼儿园环境创设主题实操

一、实操主题——丰富多彩的节日

图 8.31~图 8.39 所示是幼师学生的作品。

图 8.31 环境创设主题实操 1

图 8.32 环境创设主题实操 2

图 8.33 环境创设主题实操 3

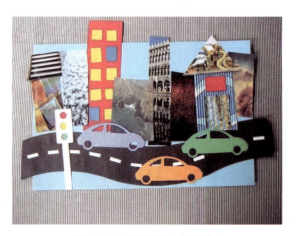

图 8.34 环境创设主题实操 4

图 8.35 环境创设主题实操 5

图 8.36　中秋主题 1

图 8.37　中秋主题 2

图 8.38　元宵节主题

图 8.39　端午节主题

二、实操主题——可爱的动植物世界

图 8.40~图 8.55 所示是幼师学生有关可爱的动植物世界的作品。

图 8.40　学生作品 1

图 8.41　学生作品 2

图 8.42　学生作品 3

图 8.43　学生作品 4

图 8.44　学生作品 5

图 8.45　学生作品 6

图 8.46　创意作品 1

图 8.47　创意作品 2

图 8.48　创意作品 3

图 8.49　创意作品 4

图 8.50　创意作品 5

图 8.51　创意作品 6

图 8.52　创意作品 7

图 8.53　创意作品 8

图 8.54　创意作品 9

图 8.55　创意作品 10

三、实操主题——快乐的幼儿园

图 8.56~图 8.59 所示为幼教学生创作的《快乐的幼儿园》作品。

图 8.56　快乐的幼儿园 1

图 8.57　快乐的幼儿园 2

图 8.58　快乐的幼儿园 3　　　　　　图 8.59　快乐的幼儿园 4

四、实操主题——美妙的音乐天地

图 8.60 和图 8.61 所示为学生创作的《美妙的音乐天地》作品。

图 8.60　美妙的音乐天地 1　　　　　图 8.61　美妙的音乐天地 2

五、实操主题——缤纷的一年四季

图 8.62~图 8.73 所示为幼师学生创作的《缤纷的一年四季》作品。

图 8.62 缤纷的一年四季 1

图 8.63 缤纷的一年四季 2

图 8.64 缤纷的一年四季 3

图 8.65 缤纷的一年四季 4 秋收

第八章 幼儿园环境创设

图 8.66　缤纷的一年四季 5　春雨

图 8.67　缤纷的一年四季 6　春风

图 8.68　缤纷的一年四季 7

图 8.69　缤纷的一年四季 8　惊蛰

图 8.70　缤纷的一年四季 9

图 8.71　缤纷的一年四季 10

图 8.72　缤纷的一年四季 11　夏至

图 8.73　缤纷的一年四季 12　秋收

六、实操主题——幸福的童年生活

图 8.74~图 8.83 所示为学生创作的《幸福的童年生活》作品。

图 8.74　幸福的童年生活 1

作品名称：鸭鸭的花园
作　　者：高甜甜
创作材料：轻黏土、小花盆
创作说明：艺术源于生活

名称：小动物美食会
作者：陈晓冰 郭梓妍 李晓静
　　　林桂蓉 沈志容
创作材料：超轻黏土
创作说明：小动物们在公园里举行美食大会，各个小动物都把自己做得最成功的美食带来了，我们一起来看看都有什么美食吧。

图 8.75　幸福的童年生活 2

图 8.76　幸福的童年生活 3

图 8.77　幸福的童年生活 4

图 8.78　幸福的童年生活 5

图 8.79　幸福的童年生活 6

图 8.80　幸福的童年生活 7

图 8.81　幸福的童年生活 8

图 8.82　幸福的童年生活 9

图 8.83　幸福的童年生活 10

七、实操主题——讲究卫生好习惯

图 8.84～图 8.88 所示为幼师学生创作的《讲究卫生好习惯》主题作品。

图 8.84　讲究卫生好习惯 1

图 8.85　讲究卫生好习惯 2

图 8.86　讲究卫生好习惯 3

图 8.87　讲究卫生好习惯 4

图 8.88　讲究卫生好习惯 5

扫码示范作业如下。

关于季节、节日的
环境主题墙创设

快乐童年的情
景绘画创作

动物主题墙面创设

学生作业

在幼儿园中班一面白板（1500cm×2000cm）上设计一幅有趣的水果主题墙作品。

参 考 文 献

[1] 孟颖.幼儿园教师美术技能［M］.天津：南开大学出版社，2018.
[2] 唐雯霏.纸雕艺术在国内外发展现状［J］.今传媒，2019.
[3] 刘斌.素描笔迹——刘斌素描头像［M］.北京：中国美术学院出版社，2017.
[4] 冷军.冷军油画作品集［M］.成都：四川美术出版社，1998.
[5] 玛丽亚·蒙台梭利.蒙台梭利幼儿教育科学方法［M］.任代文，译校.北京：人民教育出版社，2001.
[6] 雷万鹏，等.美术学科知识与教学能力［M］.武汉：湖北人民出版社，2013.
[7] 朱公瑾.美术学科知识与教学能力［M］.武汉：湖北人民出版社，2013.
[8] 顾荣军.非常摄影手记——大师构图攻略［M］.北京：电子工业出版社出版，2010.
[9] 杨俊.从新石器蟠龙纹与北京申奥标志看中国文化的传承［J］.大舞台，200806期.
[10] 派拉蒙专业团队.西方绘画技法经典教程·绘画中的构图运用［M］.丁翎，译.上海：上海书画出版社，2020.